*Journal d'un Fils de la Liberté,
réfugié aux États-Unis, par suite de
l'Insurrection Canadienne, en 1837.*

JOURNAL

d'un Fils de la Liberté,

réfugié aux États-Unis,
par suite de
L'Insurrection Canadienne,
en 1837.
Vol. 1.
Préface.

mardi 13
Mars 1838

Des évènemens importans, & qui doivent
tenir une place saillante dans l'histoire du
Canada, viennent d'avoir lieu. La guerre
civile a éclaté dans les Provinces Britanniques
de l'Amérique du Nord.

Plus tard je donnerai une relation de ces
graves évènemens, de leurs causes, & de leurs
conséquences probables. Aujourd'hui l'Auteur

Amédée Papineau

*Journal d'un Fils de la Liberté,
réfugié aux États-Unis, par suite de
l'Insurrection Canadienne, en 1837.*

Volume I

Réédition-Québec

ISBN 0-88515-008-2
Le texte a été composé en century 10 sur 11 pt. chez Journal Offset
Inc., Montréal.
1er tirage: 5,000 exemplaires
Dépôt légal, Bibliothèque Nationale du Québec, 4e trimestre 1972.

Introduction

A l'automne 1837, la rébellion éclate dans le Bas-Canada. Le fruit de conflits dont les racines remontent à la Conquête, cette rébellion est néanmoins accélérée par la convergenge d'oppressions politique et économique très sévères, de catastrophes naturelles (sécheresses, sauterelles, chenilles, inondations) et de l'épidémie de choléra qu'amènent avec eux les vagues massives d'immigrants venus d'Angleterre, d'Ecosse et d'Irlande.

Dès la conquête, les Canadiens sont privés à la fois des sources françaises de capital et d'approvisionnement ainsi que des marchés français pour les exportations de la Nouvelle France. L'Angleterre acquiert la Nouvelle France, et des Anglais, financés par des compagnies londoniennes, remplacent les Canadiens dans le lucratif commerce entre la métropole et la colonie. Mais au fur et à mesure de l'accroissement de la population, se dessine l'embryon d'une classe de capitalistes, commerçants et industriels, qui, avec les avocats, les notaires et les médecins, deviennent la nouvelle bourgeoisie canadienne-française. Ces commerçants et manufacturiers desservent le marché interne du Bas-Canada. Ainsi, en 1815, Bouchette décrit le port fluvial de Saint-Denis-sur-Richelieu en ces termes:

"Entre la principale rue et la rivière, il y a de vastes magasins, qui servent principalement de greniers, où l'on amasse une grande quantité de blé des seigneuries adjacentes pour l'exporter, attendu que les terres, à plusieurs lieues des environs de cet endroit, passent pour les *terres les plus fertiles en grain de tout le district de Montréal [1]."*

Quelques années plus tard, on y trouve une fabrique de chapeaux de castor, fondée en 1825 par Charles Saint-Germain, et qui devient la plus grande entreprise du genre au Canada. Un autre membre de la famille Saint-Germain possédait une carderie. Le Dr Wolfred Nelson, un des chefs Patriotes, était le co-propriétaire d'une distillerie. La fabrique de voitures de François Gadbois employait une dizaine d'ouvriers et vendait sa production à Québec, à Montréal, et même jusque dans le Haut-Canada.

Mais bien sûr, ces commerçants et industriels sont privés des fruits les plus succulents, soient l'importation de vivres et de produits finis, l'exportation des matières premières comme le bois et encore la fourrure, et la manufacture à grande échelle.

En plus, les commerçants anglais et écossais s'accaparent les meilleures seigneuries et se réservent, par l'entremise du Colonial Office de Londres, les meilleures terres des Cantons de l'Est et d'ailleurs, pour fins de spéculation. Les Canadiens français détiennent une majorité de sièges au Parlement mais ne possèdent aucun pouvoir réel, car le Gouverneur n'est pas obligé de respecter les décisions de l'Assemblée. La plus grande partie du budget du gouvernement est dépensée au profit de la minorité des commerçants et manufacturiers anglais, et les Canadiens français, qui forment la majorité, n'ont aucun contrôle sur la façon dont leurs impôts sont dépensés. On réclame, dans le courant des idées révolutionnaires démocratiques de l'époque, le gouvernement responsable. Le Colonial Office refuse de l'accorder, malgré les nombreuses péti-

---

1. Joseph Bouchette: *British Dominion in North America* (1832), i, 199, 263.

tions, délégations à Londres, et manifestations de toutes sortes. La colonie doit servir l'économie de la métropole, et l'Angleterre ne va pas pour le moment perdre le contrôle de sa dernière colonie en Amérique du Nord.

Les fermiers canadiens-français réclament la fin du système féodal. Ainsi on peut lire dans La Minerve du 9 mars 1837 une lettre qui dénonce "le terrible visage de l'oppression féodale..." qui fait des fermiers des victimes "qui ne peuvent pas avoir de terres sans être obligés de se soumettre à de révoltantes conditions de servitude, aux corvées, aux loyers arbitraires, aux droits de lods et de ventes, aux nouveaux titres, aux droits banaux et aux droits réservés au seigneur sur le bois, l'eau, la pêche, la chasse, les minerais, la chaux, la pierre, le sable, etc." L'amertume s'accentue par le fait que la bonne moitié des seigneuries passent aux mains de propriétaires anglais.

Une série de crises économiques, politiques, agricoles et médicales donnent lieu à des affrontements de plus en plus violents. Et finalement, à l'automne 1837, la rébellion éclate. Amédée Papineau, fils du leader patriote Louis-Joseph Papineau, n'a que 18 ans. Cependant, il est Patriote et l'un des fondateurs des Fils de la Liberté. Quelque temps après une vague massive d'arrestations des Patriotes à Montréal, à laquelle il échappe de justesse, sa famille décide de l'envoyer à Saratoga Springs, dans l'état de New York. De son refuge, il assiste à l'écrasement de sa cause, et décide de tout rapporter dans son journal.

Depuis 1838, son journal demeura inconnu jusqu'en 1924, quand La Presse publia des extraits des

2. Voir à ce sujet, *Le Capitalisme et la Confédération*, par S. Bréhaut Ryerson, *Editions Parti-Pris*, 1972.

premiers deux volumes. *Réédition-Québec entre-
prend, avec la publication de ce volume, l'édition
complète, en sept volumes, du* Journal d'un Fils de
la Liberté*. Le* Journal d'*Amédée Papineau est sûre-
ment le récit le plus vivant qui existe de la rébellion
de 1837 et de ses suites. Alerte, et plein de verve,
il trace le portrait de son temps. Son style bien
articulé, son vocabulaire riche et coloré donnent
à son* Journal *une qualité qui dépasse le simple
intérêt historique, et qui le range parmi nos meilleures oeuvres.*

Note sur l'orthographe

On note certaines différences entre l'orthographe française utilisée au Québec en 1837, et l'orthographe actuelle. Ainsi l'on trouve parfois l'accent grave, où l'on utiliserait aujourd'hui l'accent aigu, de même pour les terminaisons en ens au lieu de ents. En outre, une certaine inconsistence orthographique entre différentes parties du Journal d'un fils de la liberté permettent de croire que les conventions de la grammaire française n'étaient peut-être pas aussi rigoureusement établies à l'époque, du moins au Québec. En retenant l'orthographe originale, nous avons voulu respecter l'esprit de l'époque où Amédée Papineau a écrit son journal.

JOURNAL
d'un FILS DE LA LIBERTE
réfugié aux Etats-Unis
par suite de
L'INSURRECTION CANADIENNE
en 1837

Vol. 1

PREFACE

1838 – mars – mardi, 13. – Des évenemens importans, & qui doivent tenir une place saillante dans
l'histoire du Canada, viennent d'avoir lieu. La guerre
civile a éclatté dans les Provinces Britanniques de
l'Amérique du Nord.

Plus tard je donnerai une relation de ces graves
évenemens, de leurs causes, & de leurs conséquences
probables. Aujourd'hui l'Auteur se contente de faire
connaitre quelques unes des raisons qui l'ont engagé
à commencer un Journal de ce qui s'est passé depuis
quelques mois en Canada, de ce qui s'y passera, avec
des notes journalières de ses propres actions, &ca.

J'ai toujours remarqué que les hommes, satisfaits
de la connaissance qu'ils ont eux-mêmes des évenemens qui se passent de leurs jours, négligent très
souvent les moyens de faire connaître ces mêmes évenemens aux hommes qui doivent les suivre dans la
carrière de la vie. Et cependant avec quel intérêt
l'homme cherche à connaitre les plus petits détails
du passé! Avec quel plaisir un viellard âgé lirait
l'histoire de sa vie, écrite de sa propre main! Le

petit-fils de ce vieillard lirait l'histoire de son aïeul! Comme les détails, qui paraissent minutieux dans le temps, sont remplis d'intérêt lorsqu'on les voit bien loin dans le passé!

Durant mon séjour à Albany, je voulus lire l'histoire de la Rebellion Irlandaise en 1798.

Après quelques recherches, je trouvai dans la Bibliothèque publique au Capitole, *un seul* ouvrage, par Thomas Moore, sur des évenemens si remarquables dans l'histoire politique de la malheureuse Irlande. Et comme cet ouvrage est loin de satisfaire votre curiosité! Comme une foule de particularités, qui aujourd'hui seraient pleines d'intérêt, sont à jamais perdues dans l'oubli! Cette circonstance n'a pas peu influé sur ma détermination.

Ensuite, je ne vois pas que parmi les Réfugiés, il y en aît aucun qui aît entrepris cette tâche. D'ailleurs, il est peu de personnes qui puissent mieux que moi réunir les matériaux d'un semblable ouvrage. Ma propre position durant ces évenemens, celle qu'occupait mon Père parmi les hommes publics de mon Pays, & par suite mes relations avec un grand nombre des acteurs dans ces scènes, me placent dans le cas de pouvoir rassembler une foule de détails, qui, plus tard, seront très intéressans, & pourront servir à l'historien.

Je ne sais pas si jamais ce Journal verra le jour; mais si c'était le cas, il y aurait bien des choses à y retrancher, qu'il ne conviendrait pas de mettre sous les yeux du public. Je vais l'écrire pour mes parens, mes amis, & pour moi: & plus tard, avec les corrections nécessaires, il pourra *peut-être,* figurer sur les tablettes du libraire.

Je vais le commencer par la récapitulation & relation des évenemens dont mon infortunée Patrie a été depuis quelques années le théâtre, quoique je n'aie commencé à écrire sur des feuilles volantes, que sur ma route aux Etats-Unis, & dans ce cahier, qu'aujourd'hui.

QUELQUES MOTS SUR L'HISTOIRE POLITIQUE DU CANADA, DEPUIS LA CONQUETE JUSQU'A NOS JOURS

Depuis que la trahison, la faiblesse, ou l'indifférence, a fait passer le Canada sous la domination Anglaise, cette Province a presque toujours été mal gouvernée: presque toujours ses habitans ont eu des plaintes, des prières, des protestations, à déposer au pied du trône, & presque toujours ces prières & ces plaintes ont été repoussées avec hauteur. Souvent elles n'ont servi qu'à redoubler les persécutions & les injustices du Pouvoir.

Je vais en peu de mots donner un abrégé de l'histoire politique du Pays, depuis qu'il a eu le malheur, en 1763, d'être cédé à l'Angleterre.

1760 – Par les traités de capitulation de Montréal & de Québec, certains droits de propriété, de religion & de gouvernement, nous furent garantis, & plus tard, en 1774, ils furent confirmés d'une manière plus étendue, lorsque la puissance des tyrans chancelait, et que les Colonies, à présent les Etats-Unis, arrachaient l'étendard Britannique de leurs ramparts pour le remplacer par de plus nobles couleurs.

1773 – L'année précédente, 1773, les Canadiens s'étaient réunis en assemblées publiques, pour demander une législature Constitutionnelle, fatigués qu'ils étaient du régime militaire qui regnait depuis la Cession. (1)

1774 – En conséquence, l'actè du Parlement Impérial, de 1774, déclare les lois du pays en force, & confirme solennellement les Traités de Capitulation. Il établit en même temps un Conseil Legislatif.

---

(1) Epoque de 10 ans, (de la capit. en 1763 jusqu'à 1774) qui fut terrible. Despotisme militaire, loi martiale. Epoque de grandes souffrances et des plus infâmes injustices, dont quelques unes seulement nous sont bien connues: encore faute d'historiens. Et c'est aussi une des principales raisons qui m'ont engagé à écrire ce journal.

1775 – En 1775, les Américains attaquèrent l'Angleterre dans sa colonie du Canada. Ils prirent Montréal, & le Général Arnold marcha sur Québec. Le 31 Décembre fut livré l'assaut infructueux où le Général Montgommery fut tué d'un boulet, comme il approchait une des portes. Le siège fut levé, & la Province évacuée.

1778 – En 1778, l'orgueil anglais ayant été adouci par la bravoure & les succès du Peuple Américain, le Parlement renonça pour toujours au pouvoir de taxer les Colonies, & par conséquent de disposer de leurs taxes. L'Angleterre a prouvé dernièrement qu'elle n'est fidèle à la foi des traités, que lorsqu'elle a affaire à ceux qui peuvent la faire trembler.

Il était politique alors de s'attacher les Canadiens.

Trompés par ces promesses et ces déclarations, les Canadiens restèrent attachés à l'Angleterre. Ce qui a encore pu les engager à prendre ce parti, c'est que les guerres continuelles & sanglantes qu'ils avaient eues avec les Américains, sous la domination française, a-vaient créé beaucoup de haine et d'aversion entre les habitans des anciennes Colonies et ceux du Canada. – Il parait néanmoins que nombre d'entr'eux aidèrent les Américains de tout leur pouvoir, lors de leur invasion. Le brave Ethan Allen, dans ses Mémoires, dit que la plupart de ses gens étaient des Canadiens, au combat de la Longue Pointe, près Montréal, où il fut fait prisonnier, & avec lui plusieurs Canadiens. Ils furent tous transportés en Angleterre, y restèrent quelques temps, et ayant été ramenés à Halifax, les Canadiens profitèrent de leur séjour dans cette ville pour briser leurs fers, & retourner dans leur pays, & au sein de leurs familles. Pour Ethan Allen et ses compagnons Américains, ils furent transportés à New-York, et eurent encore bien des maux à souffrir, avant d'échapper à la vengeance de leurs bourreaux. Un riche marchand de Montréal, *Mr. Cazeau,* fit des pertes considérables par l'aide qu'il donna aux Américains; et l'an dernier je crois, le Congrès accorda une indemnité à ses héritiers. Que le nom du digne citoyen, qui aurait voulu

voir sa Patrie libre, passe à la Postérité. Que de
maux évités si tous les Canadiens avaient pensé comme lui! – Il faut pourtant remarquer que nos Pères
ont pu avoir des raisons d'hésiter de se joindre aux
Révoltés, par la crainte de n'en pas recevoir assez
d'appui & de secours. La conquête du Canada ne parait pas avoir été très populaire, & Washington lui-
même s'y est toujours opposé, soit qu'il trouva les forces Américaines, qui avaient déjà de la peine à défendre leur vaste frontière, trop faibles pour entreprendre
alors l'agrandissement de leur territoire, ou soit qu'il
crût, pour les raisons déjà mentionnées, les Canadiens
hostiles à leurs anciens ennemis. Il pensait peut-être,
que lorsque la nouvelle République aurait pris une as-
siette solide, il serait toujours temps alors de songer à
cette conquête.

Quoiqu'il en soit, les anciennes Colonies conquirent
seules leur Indépendance, & le Canada demeura sous
le joug.

1784 – En 1784, le Peuple pétitionna de nouveau l'Angleterre pour obtenir une Constitution, une *véritable*
Constitution, différente de celle de 1774.

1786 – Papa naquit le 7 octobre, à 1¾ heure, P.M.

1791 – Pendant 7 ans ces Pétitions furent négligées,
& ce ne fut qu'en 1791, lorsque la Révolution Française fit trembler l'Angleterre pour la conservation de
ses colonies, que fut passé par le Parlement Impérial
l'Acte dit Constitutionnel, divisant la Province en Haut
& Bas Canada, & nous accordant *en petit* la *"glorieuse"* Constitution Anglaise. Accoutumés d'entendre van-
ter aux nues cette Constitution Anglaise, nos Pères
crurent recevoir une grande faveur, eux qui avaient
été jusque là gouvernés comme peuple conquis, ou à
peu près. L'illustre Fox s'opposa de toutes ses forces
à la passation du Bill, comme défectueux sous plus
d'un rapport, entr'autres dans l'idée que le gouvernement semblait entretenir, de pouvoir, au moyen d'un
Conseil Législatif, créer une aristocratie & une Chambre des Lords en Amérique. Mr. Pitt allégua en défense du Bill, *que ce n'était qu'un essai, & que si la*

*machine ne jouait pas bien, il serait facile de la mo-
difier.* Avec cette réponse, le Bill passa.

Nous aurions peut-être attendu encore longtemps
pour cette Constitution, si la Révolution Française
n'était éclattée. L'Angleterre est toujours juste, lorsqu'elle a peur.

1792 – Mon grand-père Papineau a pris une part ac-
tive dans ces efforts des Canadiens pour avoir une
Constitution, & l'année suivante, les élections ayant
été faites, il fut élu Membre du 1er Parlement Provincial, qui se réunit peu de temps après les Elections. Les Anglais donnent le nom de *Speaker* au
Président du Corps Représentatif; mais comme la
traduction littérale (babillard ou parleur), ne serait
pas un compliment, on se servit en français du terme
Orateur, & le premier élevé à cette place fut Mr.
Panet. Je crois que c'est son fils qui est actuellement Juge de la Cour du Banc du Roi, à Québec. En
passant, je remarquerai que de tous les Membres
du 1er Parlement, il n'en est que *deux* aujourd'hui,
en 1838, de vivans: Mr. Bonaventure Panet (pas l'Orateur), & mon grand-père, Joseph Papineau.

1794 – L'établissement des cours actuelles du Banc
du Roi date de 1794. Dès 1796, le parti tory, bureaucrate, oligarchique, comme vous voudrez l'appeler,
fit son apparition en Canada. Il se montra tout d'abord
ce qu'il a toujours été depuis, & fut composé dans le
principe des loyalistes que la Révolution Américaine
força à chercher refuge sous les bayonnettes britanniques, & que le gouvernement récompensa par de
vastes concessions de terre, des places lucratives, &
des sièges dans la Chambre des *Lords en embryon.*
Ces ci-devant despotes des Américains, voulaient à
présent asservir les Canadiens, & se revenger sur eux
des punitions si méritées qu'ils avaient reçus de
leurs anciennes victimes. Le Diable ne saurait jamais
se corriger.

1796 – Ils firent tous leurs efforts pour abolir l'usage
de la langue française dans la Chambre d'Assemblée,
& pour représenter la Province comme en état de re-

bellion. Heureusement que le succès manqua à leurs abominables desseins.

Sous la domination française, le fameux Ordre des Jésuites avait établi à Québec un superbe & vaste établissement, pour l'éducation de la Jeunesse Canadienne, & l'avait richement doté. Lorsque l'Ordre fut aboli, les Jésuites continuèrent cependant à enseigner les sciences dans leur Collège. Mais ne pouvant recevoir de nouveaux membres, leur nombre diminua graduellement jusqu'à ce qu'enfin le dernier Jésuite mourut, en 1800.

1800 – Alors le Gouvernement s'empara de tous leurs biens, qui ayant été donnés dès l'origine pour l'éducation de la jeunesse, ne pouvaient être employés autrement.

Eh! bien. Que fait le Gouvernement? Il convertit le plus beau Collège du Canada en casernes pour loger ses troupes! Depuis lors la Chambre d'Assemblée n'a cessé, au nom du Pays, de réclamer ces biens; après beaucoup de correspondances, & de réponses évasives, le Gouvernement en est venu, il n'y a que 2 ou 3 ans, à la conclusion de proposer à la Chambre de rendre à leur première destination les biens des Jésuites, si la Chambre voulait lui donner les fonds nécessaires pour bâtir des casernes! L'affaire en est restée là, & le Collège des Jésuites sert à loger les hommes qui nous égorgent, & leurs biens servent à acheter des esclaves au gouvernement.

1809 – L'année 1809 est remarquable par la conduite arbitraire du Gouverneur, Sir James Henry Craig, d'odieuse mémoire. Des difficultés s'élevèrent entre lui et la Chambre d'Assemblée, au sujet de l'éligibilité des Juges, & la Chambre n'ayant pas voulu céder aux exigences de cet orgueilleux despote, le Parlement fut dissous. L'emploi, pour la 1ère fois, de cette prérogative de la couronne, fit une grande sensation. Néanmoins le Peuple sans s'effrayer se prépara aux Elections, bien résolu de prouver au tyran que la Chambre avait l'appui du peuple. – Mon Père était alors Etudiant en loi; il fut cependant présenté comme

Candidat pour le Comté de Chambly, qui alors portait
un nom anglais, qui dans le moment échappe à ma
mémoire. (1) Le Poll se tenait au Village de Longueil, Chef-lieu. Le Propriétaire de la Baronie de
ce nom, Mr. Grant, (2) devint, avec son nom, son âge,
& son influence sur ses tenanciers, l'antagoniste d'un
jeune homme, qui n'avait pour lui d'autres recomman-
dations que les services rendus au Pays par son Père.
Malgré cela, après une élection chaudement contestée,
mon Père fut élu. Il y a peu d'années, en visitant de
vieux papiers dans le grenier de notre maison, je trouvai une chanson publiée pendant l'élection, & où "l'im-
berbe" n'est pas épargné. On rapporte que Mlle Grant
parcourut à cheval les campagnes, pour amener des
voteurs en faveur de son père. (3)

Le Parlement ayant été convoqué peu de temps
après les élections, mon Père prit son siège en Chambre. Ainsi commença sa carrière publique, au moment
de grandes difficultés entre le Peuple et le gouvernement.

1810 – Comme l'on devait s'y attendre, d'après le
résultat des Elections, le nouveau Parlement prit la
même position que le précédent, & le Gouverneur de
son côté continua à mécontenter la Législature & le
peuple. Sur ces entrefaites, la Province, par ses
Représentans, offrit de se charger des dépenses de
son gouvernement civil. Les difficultés avec le gouverneur continuèrent, & celui-ci lança une nouvelle
dissolution du Parlement. Peu de jours après, une
compagnie de soldats se transporta, par ordres su-
périeurs, à l'imprimerie du seul Journal dans les

---

(1) Kent. Ce n'est qu'en 1829 que les noms & divisions actuels des
Comtés prirent place.
(2) Le Baron Grant est encore vivant, & je crois, réside dans le
Haut Canada.
(3) Mlle Grant, actuellement Mad. Veuve de Montenac, réside à
Montréal. Il était singulier de voir une jeune & jolie fille, trans-
formée en partisan politique aussi ardent.

intérêts du Peuple alors publié en Canada. Ils saisirent la Presse & les caractères, & je ne sais point même s'ils ne les détruisirent pas. Ce Journal était intitulé: *Le Canadien*. En parcourant ses liasses il est facile de se faire une idée de ce qu'était alors la Liberté de la Presse en Canada: ce journal passerait aujourd'hui pour très modéré. A la suite de cet outrage vinrent les arrestations de l'Editeur (4), des Propriétaires, &ca. du *Canadien*, & de plusieurs autres citoyens & Membres de l'Assemblée, pour *Haute-Trahison*. Parmi ces dignes citoyens figurait l'honorable & honoré Mr. Bédard, l'un des premiers hommes de l'opposition. Ils furent tous jettés dans les fers.

C'est à l'époque de cette crise, je crois, en 1809 ou 10, & après l'entrée de Papa en Chambre, que mon grand-père se retira des affaires publiques.

1811 – L'année suivante, 1811, le tyran Craig fut rappellé, & laissa la Province au milieu des malédictions du Peuple. Sir George Prévost lui succéda.

1812 – En 1812, les Etats-Unis déclarèrent la guerre à la Grande Bretagne. Cette puissance avait actuellement besoin de l'aide des Canadiens; & les complimens, & les caresses & les promesses pleuvaient en abondance; c'était comme la manne dans le Désert. Les Canadiens trop confians tombèrent dans le piège: & pendant que les tories achetaient des congés pour laisser la Province, ou offraient de garrisoner les villes, les Canadiens se préparaient à marcher à la frontière pour la défendre contre les attaques de l'ennemi. Avec le peu de troupes Anglaises qu'il y avait en Canada, l'Angleterre perdait cette province sans le courage & le zèle des Canadiens. Les Bataillons de milice furent bientôt incorporés. Et la Chambre qui

---

(4) L'Editeur était un Mr. Roy, qui est mort il y a peu d'années. C'est le 1er maître de français que j'aie eu, pendant que j'étais à l'école du Rev. Esson, à Montréal, en 1829.

avait été réunie après de nouvelles élections, contribua généreusement aux frais de la guerre. Plusieurs Membres de la Législature & du barreau, qui par leur Etat étaient exempts du service, marchèrent cependant comme volontaires. Papa fut du nombre, et eut une commission de Capitaine. Il cantonna tout un hiver à Lachine, & avait, je crois, pour Lieutenant, l'Honorable Frédéric Auguste Quesnel, de Montréal.

L'anecdote suivante parut il y a quelque temps dans un journal de Vermont. J'ai demandé à Papa si elle était vraie, il me dit: "oui, à peu près". Lorsque le Général Américain Hull fut fait prisonnier & amené à Montréal, Papa l'escorta, avec sa Compagnie une partie du chemin jusqu'en ville. Le long de la route, il le traita avec tous les égards qu'exigeaient sa situation. En approchant de la ville, une Compagnie de Réguliers rejoignit l'escorte, & conduisirent les prisonniers par les rues, en jouant l'air: "Yankee Doodle, &ca." afin de les insulter. Papa avec les autres officiers & soldats Canadiens, furent tellement indignés de cette conduite, qu'ils rompirent leurs rangs & abandonnèrent l'escorte, ne voulant point participer à un acte aussi dégradant. Le lendemain à la parade ils furent reprimandés, & on leur dit que s'ils avaient été des reguliers au lieu de Miliciens, ils auraient été sévèrement punis.

1813 – Le 27 Octobre 1813, l'Armée Américaine fut défaite à Chateauguay par un corps de Voltigeurs & de Milices Canadiennes, sous le commandement du Lieut. Colonel Charles de Salaberry. Il n'y a point de doute que cette bataille fait beaucoup d'honneur aux Canadiens, si les rapports sont vrais, qu'ils n'étaient que 300, & les Américains 8000. (5) Il est dû à la justice neanmoins de dire que les Américains attribuèrent leur défaite à la trahison, & une commission d'enquête fut nommée pour examiner la conduite du Commandant, le

(5) Les événemens de cette mémorable journée sont détaillés au long dans la "Topographie du Canada" par Bouchette.

Général Hampton. (6) J'ignore le résultat de cette dé-
marche.

Il est certain que les diverses attaques sur les deux
Canadas furent en général mal dirigées, & l'on sait que
la guerre était impopulaire dans les Etats du Sud, &
que le parti opposé au Gouvernement cherchait à entra-
ver toutes ses démarches.

1814 – En 1814, il y eu des engagemens en différens
endroits dans le Haut Canada. Les Milices Canadiennes qui s'y sont trouvées, s'y sont toujours distinguées.
– Sir George Prévost attaqua Plattsburgh par terre,
tandis que la flotte Anglaise attaquait celle des Américains sur le Lac Champlain. La flotte anglaise fut prise,
& le Gouverneur avec le reste de ses troupes retourna
en Canada. (7) Le 24 Décembre de la même année, la
paix fut conclue à Gand. – Sir George Prévost, qui s'é-
tait toujours montré l'ami des Canadiens, devint l'objet des calomnies de leurs ennemis, & alla mourir de
chagrin en Angleterre. Son portrait en pied est gravé à
Londres, & après sa mort, sa fille unique en envoya
une copie à Papa, & à plusieurs autres de ses amis.
Avant de laisser Montréal je n'ai pas oublié d'arracher à la souillure, le portrait du meilleur Gouverneur
que nous ayons eu. Je l'ai mis en sureté, là où les
mains des tyrans, rouges du sang de nos frère, ne
peuvent l'atteindre.

1815 – Il ne se passa rien de remarquable en 1815,
si ce n'est que la Chambre d'Assemblée porta des accusations contre les Juges: & dans le cours de l'année 1816, la Province eut successivement deux Gouver-
neurs, sir Gordon Drummond & Sir John Coape Sherbrooke.

1817 – Depuis qu'une Constitution a été accordée au
Canada, la Chambre d'Assemblée dans le Bas n'a eu
que deux Orateurs. En 1817, Mr. Panet étant mort à
un âge très avancé, Papa fut nommé Orateur.

---

(6) Ce Général Hampton est mort aux Etats-Unis il y a deux ou
trois ans.

(7) Le chancelier Walworth, qui était aide-de-camp du Général
Américain, m'a raconté plusieurs anecdotes de cette journée.

1818 – En 1818 seulement, l'Angleterre répondit à l'offre de la Province de se charger de sa dépense. Depuis ce temps-là, c'est le Pays qui paie pour soutenir son gouvernement civil, & qui doit avoir le contrôle absolu du trésor public. Plus tard l'on verra comme ce droit a été indignement foulé aux pieds, & les difficultés que cela a occasionné.

1819 – En 1819, le Gouverneur, Duc de Richmond, mourut à Québec des suites d'une morsure d'un renard enragé. – C'est cette même année que je suis né, (8) le 26 de Juillet, fête patronale (la Ste-Anne) de Mémé Bruneau. Elle fut ma maraine, & Pépé Papineau, mon parrain.

1820 – De 1820 date le commencement de l'administration du tyran, Lord George de Dalhousie, d'odieuse mémoire. (Il est encore vivant.) (9)

1822 – En 1822 parut le fameux projet d'Union des deux Provinces Canadiennes, inventé par des intrigans coupables, & soumis à l'adoption du Parlement Impérial, le tout à l'insçu du Peuple. Dans la personne de Sir James MacIntosh (10) le pays trouva un hale & puissant Défenseur. Cet homme vraiment noble vint à bout de persuader au Parlement, d'attendre, pour passer le Bill, que l'opinion des colons fût connue.

1823 – Lorsque la nouvelle de cette tentative parvint en Canada, le Pays exprima son étonnement & son indignation au sujet de ce Bill. On adopta de suite les mesures convenables, & John Neilson, Ecuyer, & Papa, partirent pour l'Angleterre, comme Agents du Pays. – Mémé Bruneau m'emmena passer l'hiver chez elle à Chambly. Je me rappelle très bien les difficultés que nous rencontrâmes sur la traverse de Montréal à Longueil. La glace était mauvaise, & souvent nos conducteurs étaient obligés d'étendre des perches & des avirons pour passer dessus, & me portaient dans leurs bras. J'avais alors quatre ans.

---

(8) A Montréal, dans la Maison Bonsecours.
(9) 28 April 1838: l'Albany Argus d'hier annonce sa mort, connue par les derniers arrivages d'Europe.
(10) Il est mort depuis plusieurs années.

LUDGER DUVERNAY — Imprimeur-propriétaire de la ''Minerve'', à la reprise de ce Journal en 1827. Il fut plusieurs fois emprisonné pour délits de presse, notamment en 1832, avec Daniel Tracey, du ''Vindicator'', autre Journal patriote de langue anglaise. Duvernay fonda la Société Saint-Jean-Baptiste, en 1834. Il mourut à Montréal, en 1852.

ANDRE OUIMET, avocat, président de la fameuse ''Association des Fils de la Liberté'', société de jeunes Patriotes qui joua un rôle important dans les évènements de 1837-38.

1824 – Papa & son collègue réussirent à faire rejeter le Bill d'Union. Papa passa alors en France, où il séjourna quelques semaines. Mr. Neilson revint de suite en Canada. En passant à Montréal il vint nous voir. Je me trouvais par hasard près de la porte, lorsqu'il entra. Je le reconnus aussitôt, quoique je ne l'eus vu qu'une fois, & il y avait déjà plusieurs mois. Je courus dire à maman, "que le Monsieur qui était parti avec Papa, était arrivé." Quelque temps après, un matin, avant que nous fussions levés, on frappa à la porte. On ouvrit, & c'était Papa! Il était arrivé tard, la veille au soir, à Longueil: la nuit était pluvieuse & obscure, en sorte que personne ne voulut le traverser, & il fut obligé de coucher là. Impatient de revoir sa famille, après un an d'absence, il était traversé au point du jour. – Cette année la Législature passa un nouveau Bill d'éducation. Les difficultés continuèrent entre le Gouverneur et la Chambre, au sujet des finances. Le Parlement Impérial passa le fameux "Acte du Commerce du Canada", violant ainsi les droits du Peuple, en législatant pour les affaires intérieures du Pays.

1825 – En 1825, le Gouverneur s'étant absenté de la Province, je ne sais pour quelle raison, Sir Francis Burton le remplaça *pro tempore.* Son administration fut équitable, & le parait davantage, lorsqu'on la compare avec celle de Dalhousie. Malheureusement ce dernier revint bientôt reprendre sa place, & les difficultés continuèrent. – C'est cette année que mourut Monseigneur Jos. Octave Plessis, Evêque de Québec. Il occupait le siège épiscopal de ce diocèse depuis nombre d'années, & fut l'un des Evêques les plus distingués qu'aît eu le Canada. Je me rappelle parfaitement les circonstances de sa mort. C'est lui qui maria mes parens. – D'après le recensement général de cette année, la population du Bas-Canada s'élevait à 423,630 âmes.

1826 – La conduite arbitraire de Dalhousie atteignit cette année l'apogée de sa violence. Le Parlement fut dissous, après un insolent discours du Gouverneur.

Les vieilles ordonnances de milice furent mises en force, & tout officier de milice & magistrat qui fit preuve de quelqu'indépendance, fut destitué de sa charge. Papa était Capitaine, & par conséquent figura sur la liste de destitution. – Un soir quelques amis veillaient à la maison, & la conversation roulait sur les persécutions journalières de l'Exécutif. Je dis que si j'avais un fusil, & si je rencontrais Lord Dalhousie, je le tuerais. Tout jeune j'ai haïs les Tyrans. –

Le système de favoritisme, le mépris déversé sur les habitans & les institutions du Pays, l'espionnage inquisitorial, les emprisonnemens, tous les actes des despotes en général, furent mis en oeuvre, pour étouffer la voix du Peuple, qui *osait* se plaindre de l'administration tyrannique de Lord Dalhousie. Le gouvernement intenta des poursuites pour prétendu libelle contre Mr. Jocelyn Waller, Editeur du *Spectateur Canadien* (journal publié dans les deux langues), & Mr. Duvernay, Propriétaire de la *Minerve*.

Le Peuple triompha dans les élections générales. Celle du quartier-ouest de Montréal fut très chaudement contestée. Il y avait 4 candidats: le Dr. Robert Nelson & Papa, Patriotes; Mrs. Peter McGill (maintenant l'Honble.) & Delisle, Tories. Comme l'on craignait des troubles pendant l'élection, mes frères & moi nous avions été envoyés à Verchères, & c'est dans ce Comté (11) que dans l'intervalle, nos amis avaient fait élire Papa, afin qu'à tout évenement il eût un siège en Chambre, dans le cas où il eut perdu son élection à Montréal. Depuis le triomphe qui eut lieu en cette occasion, nous n'en avons plus eu à Montréal à la suite des élections. Elles ont toujours été si contestées, que ces manifestations de joie publique auraient pu être considérées comme insulte par le parti opposé, & conduire à des troubles sérieux.

1827 – Lorsque le Parlement fut rassemblé, la Chambre choisit Papa pour son Orateur, & demanda au Gouverneur, *selon l'usage,* de confirmer cette nomi-

---

(11) Alors appelé Surrey.

nation. Le Gouverneur, par haine, rage, & désir d'insulter & harasser la Chambre, refusa sa confirmation. Cette nouvelle insulte mit terme à la patience de la Chambre, & elle résolut d'en appeler à l'Angleterre. On organisa des "Comités Constitutionnels", l'on fit des assemblées publiques, & l'on signa de nombreuses pétitions.

1828 – Mrs. John Neilson, (l'Hon.) Denis Benjamin Viger, & Austin Cuvillier, partirent pour Londres, chargés des plaintes du Pays. Il y eu de longs débats dans la Chambre des Communes, & le Comité chargé de s'enquérir sur l'état de la Province fit un rapport favorable: qu'il y avait de grands & nombreux abus, qu'il fallait les redresser. – Sir James Kempt fut nommé Gouverneur.

Peu de temps après son arrivée, & le départ du tyran Dalhousie, nos Agents retournèrent de leur mission. Aussitôt le Parlement fut convoqué, & Papa fut élu Orateur. C'est dans l'automne, je crois, ou au commencement de l'hiver, que le Pays perdit un de ses plus dévoués & ardens défenseurs, Mr. Waller. Il mourut d'une inflammation de cerveau, & de chagrin, causés par les persécutions de nos ennemis communs. Je l'ai bien connu. C'était un homme d'une forte stature, complexion sanguine, & ayant quelque défaut dans la vue. (12) Un homme de grands talens, de caractère, & d'un dévouement sans borne à la cause de son pays adoptif.

Il n'avait en Canada qu'un fils, docteur, & deux filles. Il n'était pas fortuné, quoique d'une famille aisée & respectable en Irlande. Sa fille aînée, qui avait le même défaut que son père dans la vue, avait une excellente éducation, & tenait une petite école d'une douzaine d'enfans, garçons & filles. J'étais entré à cette école à l'âge de 4 ans, & j'y suis resté jusqu'à la mort de Mr. Waller. Le peu d'anglais que je sais, & qui m'est aujourd'hui si utile, mes notions de géo-

(12) Une taie sur un oeil.

gaphie, d'histoire, de morale, c'est à elle en grande
partie que je les dois. Ah! Je n'oublierai jamais ma
bonne maitresse, la maitresse de mon enfance... Que
de tendres souvenirs sa mémoire me rappelle!... Hélas! ces temps sont passés!...

En 1831, je suis descendu à Québec, dans les vacances, avec Papa & Lactance; nous savions que la
famille Waller demeurait aux environs de la ville,
nous allâmes la voir. Nous ne trouvâmes que Madame
Waller, & la plus jeune de ses filles. Ma maitresse
était passé en Irlande: cela me fit beaucoup de peine.
Le Dr. Waller travaillait en ville à sa profession. Je
n'ai pas entendu parler depuis de cette famille, qui
m'est si chère, & qui doit l'être au Pays.
1829 – A la fin de 1828, & au commencement de
1829, la Législature eut une laborieuse session. Les
difficultés avec l'administration précédente avaient arrêté la passation des Bills, en sorte qu'il y avait beaucoup de nouvelles lois à faire, & d'anciens actes à
renouveller. Un nouveau Bill pour favoriser l'éducation, fut un des fruits de ses travaux.
Vers le milieu d'Avril nous laissâmes notre maison
de ville, que nous avions loué, pour aller occuper à
la Montagne le bel établissement de feu Mr. McGil-
vray, l'un des Directeurs de la ci-devant Compagnie
du Nord-Ouest. Cette superbe propriété appartient
maintenant à Mad. Selby, de Montréal. Depuis la mort
de Mr. Waller j'étais entré à l'Académie du Rév. Mr.
Esson. Je n'y restai que quelques mois, & en sortis
lorsque nous allâmes nous fixer à la Montagne. Le
15 de Mai suivant, je crois, j'entrai pensionnaire au
Collège de Montréal, pour y commencer mon cours
d'études. – Dans le courant de l'été eut lieu la Dédi-
cace du plus grand édifice religieux de l'Amérique,
après la cathédrale de México, la nouvelle Eglise
Paroissiale de Montréal. Cette solennité se fit avec
grande pompe, le Gouverneur, &ca, y assistaient.

1830 – En 1830, Sir James Kempt fut remplacé par Lord Aylmer. Avant son départ les Patriotes lui présentèrent une Adresse de remercimens. Pendant sa courte administration, il ne fit ni bien ni mal, ne changea rien, donna force complimens & poignées de main, & les griefs ne furent point redressés. Néanmoins les Canadiens accoutumés aux persécutions de Dalhousie, crurent que Sir James, *en ne fesant pas le mal,* avait mérité cette marque d'estime public.

1831 – Le Procureur-Général, James Stuart, fut accusé de hauts crimes & délits par l'Assemblée, & fut suspendu de ses fonctions par le Gouverneur, jusqu'à ce que sa conduite fût examinée & jugée en Angleterre. L'Honble D.-B. Viger fut de nouveau nommé Agent de la Province, & partit aussitôt pour sa nouvelle mission.

1832 – Au commencement de l'année 1832, Mr. Daniel Tracey, Editeur du *Vindicator,* & Mr. Duvernay, Propriétaire de la *Minerve,* ayant *osé* publier que le Conseil Législatif était *une nuisance,* ce *vénérable & immaculé* Corps les cita à la barre de sa Chambre, & les condamna à un mois d'emprisonnement! Dans l'intervalle, la Session se termina, & les Patriotes à Montréal se préparèrent à les recevoir en triomphe. Le jour de leur arrivée de Québec, nous avions congé au Collège, & j'obtins la permission d'aller passer la journée chez nous; en sorte que je vis le triomphe. En tête venaient deux hommes à cheval, tenant de grands étendards. Suivaient des musiciens dans une sleigh, & ensuite Mrs. Tracey & Duvernay, dans une cariole couverte, le soufflet rabattu, & traînée par deux superbes chevaux. On leur avait présenté à chacun une médaille d'or, qu'ils portaient au cou, passées dans un ruban rouge. Ils étaient suivis par plus de 150 voitures, dont presque toutes avaient chacune plusieurs drapeaux, avec des inscriptions convenables: "A bas le Conseil Législatif", "Vive la Liberté de la Presse", "Vive Duvernay & Tracey", &ca., &ca. C'est dans ce triomphe, je crois, que figura pour 1ère fois, le Drapeau Canadien. Tri-

colore, vert, blanc, & rouge, & barres horizontales.
La Procession s'arrêta devant la Maison Bonsecours.
(13) Peu de tems après, il fallut élire un nouveau
membre pour le Quartier-Ouest de Montréal, en rem-
placement de Mr. Fisher, résigné. Il y eut d'abord dif-
férence d'opinion parmi les Patriotes sur le choix d'un
candidat; & c'est ce qui donna naissance à une petite
coterie de Chouanguens, (14) assez insignifiante en
elle-même, qui dans le cours de l'été établit le Journal
"L'Ami du Peuple", "dont le nom même est un mensonge". Il est encore vivant, mais sa santé est très
délabrée. Il y a longtemps qu'il serait dans le royau-
me des morts, s'il n'était l'enfant-gâté des bons Sulpiciens, qui lui administrèrent de temps en temps une
petite dose pectorale, de jujube ou de sagou, & par là
prolongent un peu sa misérable existence. – Quoiqu'il en soit, Mr. Tracey fut supporté par la masse des
Canadiens, & Mr. Bagg par les Tories. L'élection trai-
na plus d'un mois; & les Tories voyant tous leurs vo-
tes épuisés, & que les Patriotes allaient succéder, ils
résolurent de dépit de mettre fin à l'élection d'une
manière violente. Le 20 de Mai au soir tous leurs
plans étaient préparés. Les Magistrats de concert
avec eux, avaient assermenté un grand nombre de
Connétables Spéciaux, tous tories & forts-à-bras
(bullies), *pour garder la paix,* & leur distribuèrent
des bâtons massifs (clubs). Deux pièces de campagne
furent traversées de l'Ile Ste Hélène, & chargées à
mitraille, & le Militaire eut ordre de se tenir prêt.
En un mot, ces *Janus prévirent que le lendemain il
y aurait une émeute au Poll, & se préparèrent à
l'étouffer.* – De bonne heure dans l'après-midi du 21,
une compagnie du 15ième Régiment, commandée par
le Col. McIntosh & le Capt. Temple, fut stationnée
sous le portique de l'Eglise Paroissiale. Il tombait
une grosse pluie. Le Poll se tenait au côté opposé de
la Place d'Armes, dans un petit apprenti qui servait
de loge pour une pompe à incendie. L'Officier Rappor-

(13) Papa sortit & alla saluer les triomphateurs.
(14) On prononce *Chouayens.* On donne ce nom aux Tories Canadiens.

teur était Hypolite St George Dupré, Ecuyer, qui se
montra pendant toute l'élection le partisan des tories:
homme faible & sans énergie, qui en perdit presque
la tête, & mourut deux ans après d'une inflammation
de cerveau. – Vers 3 heures l'émeute *prévue* commença. Les Tories attaquèrent les Patriotes à coups
de pierres & de bâtons, ceux-ci ripostèrent, & les
Connétables Spéciaux vinrent *donner leur aide* aux
partisans de Mr. Bagg. Pendant que l'on se battait dans
un coin, deux ou trois magistrats dans un autre, li-
saient *à voix basse, pour eux seuls!* l'acte d'émeute
(riot act), qui   consiste à déclarer la Loi Martiale,
& à appeler le Militaire pour rétablir la paix, lorsque
les autorités civiles n'y peuvent pas réussir. Dans
l'intervalle, Mr. Tracey & la plupart de ses partisans
avaient laissé la place, & étaient retirés chacun chez
soi. Lorsque l'acte d'émeute eut été lu, les magistrats
firent avancer les troupes. Aussitôt les Tories allèrent se placer derrière elles, & celles-ci marchèrent
contre les Patriotes, qui enfilèrent la Grande Rue
St Jacques, aujourd'hui la *Rue du Sang.* La plupart
s'enfuirent. Quelques uns cependant s'arrêtèrent, &
ripostèrent aux Tories, qui se tenaient toujours derrière les troupes, & ne cessaient de les accabler d'une
grêle de pierres, en leur en renvoyant quelques unes,
par dessus la tête des soldats. Ceux-ci firent halte devant la maison du Dr. Robertson. (15) Ce coupable &
sanguinaire magistrat était sur le perron de sa porte.
Il prit son mouchoir, & l'agita en l'air, en criant aux
troupes: *"Fire! Fire!!"* L'ordre fut répété par leur
officier, & elles firent feu! Trois paisibles Citoyens,
qui n'avaient pris aucune part à l'élection, & qui s'a-
donnaient à passer dans le moment, *Pierre Billet,
François Languedoc,* & *Casimire Chauvin,* tombent
morts, & plusieurs grièvement blessés!!! Chauvin était
un jeune imprimeur, employé au bureau de la *Minerve.*
Les deux autres étaient des ouvriers & des vieillards
âgés.

   Ce crime est demeuré jusqu'à ce jour impuni!

----

(15) Qui se trouve vers le milieu de la rue.

1832—Jusqu'alors je n'avais été patriote que de nom. Je ne savais à peine ce que ce mot voulait dire: j'étais patriote probablement parce que mes parens l'étaient. Depuis le meurtre atroce du 21 Mai, j'ai suivi de près les affaires de mon Pays, autant qu'il a été en mon pouvoir de le faire. Comme j'étais pensionnaire, je persuadai à plusieurs de mes amis parmi les externes, de m'apporter les journaux; ce qu'ils faisaient assez régulièrement. C'était un *attentat énorme* contre les Règles du Collège, en sorte que j'étais obligé de me cacher pour les lire. Souvent c'était là où l'odorat n'était guères satisfait, si l'esprit & le coeur l'étaient. — Il se tint des assemblées publiques d'un bout de la Province à l'autre, pour demander justice de l'attentat du 21 Mai, & au sujet des Terres incultes du Pays, qu'une Compagnie formée à Londres voulait envahir, & pour demander un changement dans la constitution du Conseil Législatif. — Le Coléra asiatique ayant éclatté à Montréal le 10 de Juin, le 11 mon frère & moi laissâmes le Collège, & le 12 nous nous embarquâmes avec toute la famille dans un bateau pour Verchères, où nous passâmes le restant de l'été. Papa ne voulut jamais laisser la ville, malgré toutes nos supplications, disant qu'il était du devoir d'un homme public de rester à son poste à l'heure du danger. Il venait passer presque tous les dimanches avec nous, & s'en retournait le lundi. Quelle était notre anxiété pendant toute la semaine! Cette affreuse maladie fit d'horribles ravages dans toute la Province! Lorsqu'elle eut atteint son plus haut degré d'intensité, le nombre de décès pendant plusieurs jours à Montréal fut de 100 par jour! Le pauvre Mr. Tracey en mourut.

1832 —Vinrent ensuite les trames de toutes sortes, pour couvrir du manteau de la justice les meurtriers du 21 Mai. Jusques là le Gouverneur s'était conduit de manière à faire croire que son administration serait équitable, mais les intrigues de nos ennemis le perdirent. Avant que toutes procédures aient eu lieu, il lança une Proclamation, par laquelle il approuvait les militaires & magistrats. *Mrs. Joseph Roy & André Jobin* (maintenant tous deux M.P.P.), magistrats, ayant fait arrêter le Col. McIntosh & le Capt. Temple, sous soupçon de meurtre, le Gouverneur ordonna que leurs noms fussent rayés de la Liste des magistrats; & les meurtriers ayant été libérés, & ayant obtenu permission, laissèrent la Province. A son arrivée en Angleterre, le Col. McIntosh *fut fait Chevalier du "Très Honorable Ordre du Bain", par notre "GRA- CIEUX Souverain"!* Le Parlement Provincial ayant été convoqué, la Chambre commença son Enquête sur les événemens du sanglant 21 Mai. Les accusations de la Chambre ayant été jugées fondées par les Ministres, le Procureur-Général Stuart fut destitué.

1833 – L'Enquête du 21 Mai fut continuée: un témoin, Delisle, *un des Greffiers de la paix,* fut emprisonné pour *faux témoignage.* "Mr. Ralph Taylor, membre pour le Comté de Missiskoui, fut emprisonné 24 heures, pour mépris de la Chambre dans la personne de son Orateur. Refus réitérés & injustes du Gouverneur de communiquer à la Chambre des documens qui lui sont nécessaires, ce manque de documens retarde la marche des affaires. Bill des subsides, passé par la Chambre, rejeté par le Conseil. – *William Lyon McKenzie,* Ecuyer, Membre élu par le Comté d'York, Editeur du *Colonial Advocate,* revient d'Angleterre, où il a été représenter aux Ministres les griefs du Peuple du Haut-Canada".

1834 – "Session mémorable de la Chambre d'Assemblée, qui adopte à une majorité de 56 contre 24, *92 Résolutions* renfermant les plaintes du Pays. *A.N. Morin,* Ecuyer, "Membre pour Bellechasse", est député en Angleterre, pour porter & soutenir ces Résolutions. Débats dans la Chambre des Communes le 15 Avril, dans lesquels Mess. *Roebuck, Hume, & O'Connell,* prennent la défense du Pays. Pétitions envoyées de toutes les parties de la Province, revêtues de plus de 100,000 signatures, au soutien des 92 Résolutions. Retour de Mr. Morin en Septembre, & de *l'Honorable D. B. Viger* en Octobre, ce dernier après un séjour à

Londres de trois ans & demi. Elections Générales qui confirment les principes énoncés dans les 92 Résolutions, par le choix de 80 Réformistes contre 8 Membres écrevisses. Assassinat de *Ls. Marcoux* pendant l'élection de Sorel. Quatorze personnes déclarées coupables de ce meurtre par le Jury du Coronaire. Libération sous cautionnement de treize de ces accusés par le Juge en Chef Reid, sur *habeas-corpus*. Triomphe des Réformistes au Comté des Deux Montagnes & au Quartier-Ouest de Montréal. Excès & outrages des Bureaucrates durant ces deux Elections... Patience des Canadiens..."

1835 – "Première session du 15ième Parlement; la Chambre continue ses Requêtes au Parlement d'Angleterre; nomination de *Mr. Roebuck* comme Agent de la Province. Refus de Lord Aylmer d'accorder les contingens de la Chambre, fermeté de ce Corps, résolutions énergiques à ce sujet: la Chambre s'ajourne d'elle-même, après avoir passé 36 Bills en une seule loi, qui est rejettée par le Conseil Législatif: ce refus cause de grands dommages à la Province. Arrivée en Angleterre de Mr. Chapman chargé d'une requête signée de 68 Membres de la Chambre & de 4 Conseillers Législatifs. Débats animés dans la Chambre des Communes au sujet des affaires du Canada: *Mr. Roebuck* soutient nos intérêts ainsi que *Mrs. Hume & O'Connell*. Le ministre Tory propose la nomination d'un seul Commissaire. Lord Aberdeen est remplacé comme Secrétaire Colonial par Lord Glenelg, & le Ministère Whig nomme trois commissaires, Lord Gosford, Gouverneur, Sir Charles Grey, & Sir George Gipps: ils arrivent en Canada le 23 Août. Départ de Mathieu Lord Aylmer; il ne manque pas avant d'abandonner le pouvoir, de récompenser ses créatures, en leur distribuant des places; il s'en trouve plusieurs indignes de les remplir. Après plusieurs convocations, le Parlement s'assemble enfin le 29 Octobre; discours conciliant du Gouverneur, par rapport surtout aux griefs détaillés dans les 92 Résolutions; réponse énergique de l'Assemblée, elle persévère dans ses réso-

lutions sur un changement organique dans le gouvernement; le Gouverneur accorde les contingens; tapage de
la Bureaucratie à ce sujet, grande assemblée au Tattersall du parti écossais, ils font des menaces terri-
bles contre la Chambre & le parti Canadien, ils menacent d'en appeler aux armes, les Canadiens mépri-
sent ces bravades, & attendent les événemens!!! La
Chambre méprise les attaques basses d'une troupe
d'écrivains aventuriers &   salariés, & continue ses
travaux dans l'intérêt du peuple". Mort du vénérable
Louis Bourdages, Doyen de la Chambre d'Assemblée.
Ce digne Citoyen était natif de *L'Acadie,* aujourd'hui
Nouvelle Ecosse, & fut du nombre des malheureux
que la tyrannie anglaise chassa de leur Patrie, & dispersa de tous côtés. Il ne cessa d'être un des plus
fermes champions des libertés de son Pays adoptif.
il résidait depuis nombre d'années au Village de St
Denis, où il mourut et fut inhumé.

   1836 – La Législature continue à siéger. Les tories
de Montréal après toutes leurs menaces, en étaient
venu à organiser une Compagnie de Carabiniers, dont
Adam Tom, Editeur du *Herald,* était Capitaine. Le
soir ils paradaient les rues, insultaient les Citoyens,
&ca. Lord Gosford lança une Proclamation leur dé-·
fendant de s'assembler, avec injonction aux magistrats
de mettre fin à cette organisation. Les *"Loyaux Carabins"* se moquèrent de la *"Proclamation Royale",*
& déclarèrent qu'ils continueraient à s'organiser, dans
le dessein avoué d'écraser *"ces chiens de Français"!*
Les Magistrats applaudirent à ces maniaques, & ne
prirent aucune pour les arrêter. Satisfaits cependant
d'avoir dit au Gouverneur qu'ils se moquaient de lui,
& d'avoir l'air de ne pas céder, peu à peu leurs rangs
s'éclaircirent, leurs assemblées devinrent moins fré-
quentes, & les nouveaux Don Quichotte finirent par
rentrer dans le néant. C'est d'une aussi noble souche,
que quelque temps après poussa le *"Doric Club",* si
célèbre aujourd'hui. – Sir John Colborne, Gouverneur
du H. Canada, ayant été rappelé sur les plaintes des
habitans de cette Province, Sir Francis Bond Head

fut nommé à sa place. En arrivant à Toronto, il convoqua la Législature, & lui soumit les instructions dont il était chargé, & des extraits de celles adressées à la "Commission Royale" dans le B. Canada. Ces instructions furent dévoilées bien à propos, & montrèrent toute la duplicité, la bassesse de Lord Gosford, qui répètait sans cesse: "J'aime les Canadiens, je veux leur bonheur; je viens avec d'amples pouvoirs, nous (la Commission) voulons nous assurer de l'étendue des griefs, pour les redresser au plus tôt, &ca, &ca." Les instructions des Ministres sont publiées, & on lit: Tachez d'obtenir les subsides, de vous concilier les Canadiens; s'il le faut, accordez de petites réformes, ajoutez de nouveaux membres aux Conseils; quant aux grandes réformes dans la Constitution, cela ne peut être accordé pour le moment. "Sensation produite ici par la publication de ces instructions: indignation générale dans les rangs réformistes: appel nominal de la Chambre d'Assemblée pour le 11 Février, emporté par 29 à 28; renvoi des rapports sur les comptes publics au Comité de toute la Chambre siègeant le 11 Février, 31 à 28". –

1836 – Ici je dois remarquer, que Lord Gosford n'a que trop bien réussi à "se concilier les Canadiens", c.à.d., à semer la division parmi eux, & à détacher de la masse du Peuple une partie de ses Défenseurs, pour en faire les créatures du Gouvernement. Depuis le jour de son arrivée en Canada, ce vil hypocrite n'a cessé de cajoler les Canadiens, de leur promettre des places, & d'en donner à quelques uns, de leur prodiguer le champagne & les bons diners, de parcourir nos campagnes pour donner la main à chaque habitant qu'il rencontrait, &ca. Dès le commencement de cette année, 1836, ses infâmes moyens de corruption lui avaient en partie réussi, & c'est ce qui explique la division sur l'appel nominal, dont je viens de parler, & des événemens subséquens, qui ont grandement contribué à nos malheurs. Puissent les hommes qui se sont laissé abuser par Lord Gosford, reconnaitre leur erreur, & aujourd'hui que nos enne-

mis demandent notre aneantissement social, & que le
Gouvernement le prépare avant même de connaitre
cette demande liberticide des *"loyaux"*, puissent ces
hommes, dis-je, sentir la nécessité de l'union parmi
nous, & puissent-ils travailler avec le reste de leurs
concitoyens à détourner les maux qui les menacent
tous! Pour ma part, je leur pardonnerais volontiers
leurs erreurs passées, s'ils cherchaient à présent à
réparer le mal qu'a fait la désunion. Voici les noms
de quelques uns: L'Honble P. D. Debartzch, Mailhiot,
Sabrevois de Bleury, Jacques Viger, &ca. à Montréal,
& Mrs. Bédard, Vanfelson, Caron, Huot, Parent, Editeur du *"Canadien"*, à Québec. Ces jours-ci, en lisant
les journaux du Canada, j'ai vu que Lord Gosford avait
promis des places, dans les Conseils Exécutif & Législatif, à la plupart de ces Messieurs; ce qui explique
leur conduite depuis deux ans. – Mais revenons à la
question. – Le 11 Février la plupart des Membres
étaient à leur poste: en même temps que les Commissaires employèrent toutes sortes d'intrigues auprès
d'eux, pour les engager à voter les subsides, que la
Chambre refusait de payer depuis 3 ans afin d'obliger
les tyrans à nous rendre justice. Après avoir prié
pendant tant d'années inutilement, il était temps d'em-
ployer quelque moyen plus effectif. Depuis que cette
mesure avait été adoptée, la Chambre avait plus d'une
fois déclaré solennellement qu'elle ne voterait les
subsides, que lorsque les griefs auraient été redressés, & aucun grief n'avait encore été redressé. Dans
son discours d'ouverture, le Gouverneur avait promis
des réformes dans les Conseils en y ajoutant de nouveaux Membres; il ne l'avait pas encore fait au bout
de trois mois. En sorte que la Chambre devait à son
honneur, à son caractère de fermeté & de consisten-
ce, de retenir les subsides comme auparavant. Ce
n'est pas à de vaines promesses qu'il faut se fier,
lorsqu'on a été trompé tant de fois. Malheureusement
pour le Pays, les Trois Intrigans Commissaires s'é-
taient formé un parti dans la Chambre, & à la surprise générale, Mr. Vanfelson proposa de voter tous les

arrérages depuis 3 ans & les subsides de l'année courante, alléguant pour raison qu'il fallait montrer par là à l'Angleterre le désir des Canadiens de voir les affaires arrangées à l'amiable. On répondit à Mr. Vanfelson, que la Chambre devait être consistente avec elle-même & ses décisions précédentes; que le Gouvernement et les Officiers Publics commençaient à se sentir gênés par l'arrêt des subsides, & que puisque la Chambre avait cru que cela était le meilleur moyen d'obtenir une prompte & entière justice, l'on ne devait pas perdre en un instant le fruit de trois ans de peines, d'autant plus qu'il n'avait pas été effectué la plus petite réforme. Qu'il fallait considérer le bien général du Pays, avant celui d'une poignée d'officiels, ennemis du Peuple. Qu'au reste, afin de prouver au Gouvernement les bonnes dispositions des Canadiens, l'on consentirait à voter 6 mois de subsides.

1836 – Je pourrais m'étendre bien plus au long sur cette importante question, qui a entraîné tant de malheurs à sa suite; mais mon but n'est pas d'écrire une histoire du pays, mais seulement de donner un aperçu des plus frappantes transactions, & de passer rapidement à la narration des évenemens récens.

Les Débats dans la Chambre furent très animés, & excitèrent beaucoup d'animosités. Nos oppresseurs étaient parvenus à semer les brandons de la discorde parmi les Réformistes, jusqu'alors si unis. Papa fit un discours qui dura 3½ heures, dans lequel il n'épargna ni les Commissaires ni leurs intrigues. La proposition de Mr. Vanfelson fut enfin rejettée, & les subsides votés pour 6 mois, par la même division de 42 contre 31. Le Conseil ne voulut point concourir avec la Chambre, & ce Bill des subsides fut perdu. La Chambre envoya ensuite au Gouverneur une Adresse fondée sur son vote, "insistant sur le Conseil Exécutif, le contrôle des deniers publics, le rappel de l'acte des tenures & de celui de la Compagnie des Terres, la non-intervention de la Métropole dans les affaires intérieures de la Colonie, & la réforme des abus". Le 21 Mars fut terminée cette longue session, qui

avait commencé le 27 Octobre 1835: "discours de clôture de Lord Gosford, exprimant son désappointement,
& sa détermination de prendre les deniers publics
sans vote de la législature; ce qu'il fait illégalement:
le Conseil Législatif rejette ou laisse sous sa table
34 mesures ou bills passés par la Chambre dans les
intérêts populaires: il mutile 15 autres bills de manière à empêcher la Chambre de concourir dans ses
amendemens: parmi les mesures rejetées ou amen-
dées de manière à les détruire, sont le bill du Jury,
celui des Corporations, celui pour un meilleur système de voierie, celui votant L2800 pour le Canal de
Chambly, & L9400 pour l'Ecluse de St Ours; le Bill
d'Education, par le rejet duquel le Conseil ferma 1600
écoles élémentaires, & refusa les moyens de s'instruire à 40,000 enfans: réjection enfin du bill pour
l'élection des officiers de paroisse, magistrats & autres officiers inclus. Accusations portées par la Chambre contre plusieurs officiers publics pour malversation, au nombre desquels se trouvent le Juge Thomp-
son pour ivrognerie, le Juge Fletcher pour oppression
judiciaire, le Shérif de Montréal, Gugy, (1) le Shérif
Whitcher, le Conseiller Législatif Felton, le Greffier
de la paix & Coronaire Chisholm, pour malversation.
Les promesses de Lord Gosford de reformer son Conseil Exécutif, & d'abolir le cumul des emplois, de-
meurées sans exécution: promesses de changer le
mode d'adjudication des biens des Jésuites, violées à
l'égard des lots de Sillery pour favoriser des membres de "L'Association *Constitutionnelle*". Le Grand
Jury du District de Montréal soumet un *presentment*
à la Cour accusant la *Minerve* de mépris de Cour:
mandat décerné de suite contre le Propriétaire de
ce Journal pour sa comparution le 27 Août; cautions
de L1000 éxigées à cette fin. "728 Electeurs de Québec présentent une adresse à Mr. Papineau, approu-
vant le vote de 6 mois de subsides. Mr. Caron résigne",
forcé par l'opinion publique: "une nouvelle élection a

(1) Gugy est le seul, je crois, qui ait été destitué sur les accusations
de la Chambre.

lieu; les électeurs désertés par un candidat pusillani-
me", Dr. Painchaud, "protestent contre le rapport de
Mr. Andrew Stuart: émeutes & rixes à cette élection".
– Tout ce qui précède, entre gillemets (*sic*), s'est
passé durant la session, avant & après le vote sur la
question des subsides.

1836 – La Chambre d'Assemblée du Haut Canada,
voulant obliger le gouvernement à redresser les griefs
de cette Province, adopta la même marche que notre
Chambre, & refusa les subsides. Elle fut aussitôt dis-
soute, & le Gouverneur, au moyen de petits lots de
terre accordés pour la circonstance, ce qui créait de
nouveaux électeurs, & au moyen d'une troupe de *bullies*
payés pour éloigner les Réformistes du Poll, s'assura une majorité d'esclaves dans la nouvelle Chambre.
– Dans le mois de Juin, le siège de la "Commission
Royale" fut transporté de Québec à Montréal, & Lord
Gosford arriva dans cette dernière ville "le jour que
les *"Constitutionnels"* jouaient la farce d'une Convention, & le jour que les Canadiens célébraient la
fête patronale de St Jean Baptiste". Ce Patron National avait été adopté depuis 2 ou 3 ans. – L'accueil
fait à Lord G. fut très froid. Il était déjà méprisé par
tous les partis. Les Patriotes ne voulurent pas le visiter à cause de sa conduite à l'égard de la Chambre,
& les Tories à cause de la manière dont il avait traité
les "Carabins". – Depuis nombre d'années les Ca-
tholiques avaient désiré que le Diocèse de Québec fût
divisé en deux, & que Monseigneur de Telmesse fût
reconnu Evêque de Montréal. La Cour de Rome y avait
consenti, mais celle de St James s'y était toujours
opposé. Elle y consentit néanmoins cette année: mais
afin que les *"Papistes"* ne fussent pas plus avantagés
que les Protestans, elle nomme de son côté un Evêque de Montréal.

1836 – Je dois dire ici quelques mots sur ma propre
vie. J'étais entré au Collège de Montréal, pensionnaire, dans le mois de Mai 1829. J'y restai jusqu'aux
vacances de 1834. Après ces vacances j'y retournai,
mais externe. En sorte que je vis de mes propres

yeux, & figurai dans cette tumultueuse élection du
Quartier-Ouest. Il serait trop long d'en donner l'histoire ici. — Pendant les examens qui précédèrent les
vacances de 1835, j'eus quelques difficultés avec les
Professeurs, qui ne cherchaient qu'un prétexte pour
me tourmenter & se débarrasser de moi, *parce que
j'étais Patriote,* & que plusieurs fois dans le courant
de l'année, j'avais commenté dans les journaux publics les principes des Sulpiciens, *aliàs "Supliciens"*,
sur *"le droit divin des Rois".* Je m'adonnais à parler à quelques confrères, lorsque le Directeur, Mr.
Bayle, nous aperçut. Quelle bonne occasion! Il fut aussitôt décrété qu'après la séance nous nous renderions
à sa chambre, "pour recevoir un remède contre la dé-
mangaison. de la langue". Nous nous conformâmes au
décrèt: mais heureusement que dans son zèle & son em-
pressement, le bon Directeur oublia, *contre sa coutume,* de fermer la porte de sa chambre derrière ses
patiens, & d'en mettre la clé dans sa poche. La conséquence fut, que pendant qu'il administrait "son remède" à l'un d'entre nous, je réfléchis qu'il ne convenait guère à un élève en rhétorique de recevoir le
fouet, sans cause ni raison, & que j'enfilai la porte,
& fus bientôt loin du Collège. Je n'y retournai qu'à la
dernière séance, résolu de faire face à l'ennemi s'il
osait m'attaquer. Lorsqu'on en vint à la distribution
des prix, je m'attendais à être appelé. Je ne le fus
pas, & je laissai la salle, pensif & désappointé, avant
la fin de la séance, & sans être aperçu. Environ une
heure après je rencontrai dans la rue un écolier, qui
me remit un petit paquet, & avant que je pusse lui demander ce que c'était, il avait disparu. Ce paquet était
adressé à "Mr. Amédée Papineau, Rue Bonsecours."
Je me rendis chez nous, & j'ouvris le paquet... deux
prix de Version Latine & de Composition Française!
De dépit je fus près de les jeter au feu, je réfléchis
ensuite qu'il valait mieux les renvoyer à Mr. Bayle,
& finalement je me décidai à attendre le retour de
mes parens, qui étaient allés aux Examens du Collège de St Hyacinthe. Ils décidèrent que j'irais passer

une année à ce Collège, & que j'y complèterais mon cours d'études; ce qui fut fait en conséquence. A l'approches des examens, vers la fin de l'année, nous apprîmes que le Gouverneur y assisterait. Et en effet, le 26 Juillet, pendant la séance de l'après-midi, Lord Gosford fit son apparition dans la salle de ces éxercises. Je le vis là, & le lendemain au soir à souper, chez ma tante Dessaulles. Le 28 je laissai le Collège, pour n'y plus retourner; j'avais fini mes études! Quel beau jour!

1836 – Après les vacances, je passai un brevet avec mon oncle Philippe Bruneau, comme Clerc-Avocat, & un autre avec mon cousin Jos. Truteau, comme Clerc-notaire. Par là, je pouvais à la fin de ma Cléricature, embrasser l'une ou l'autre profession, selon mon goût. – "Le 10 Septembre, Mr. Duvernay privé du procès par Jury, forcé de s'incriminer lui-même, condamné sans être entendu, est envoyé en prison pendant un mois pour un prétendu mépris de Cour, & forcé en outre de payer une amende de $80. Il fut accompagné jusqu'à la prison par plusieurs de nos premiers Citoyens, & les Patriotes en foule se firent un devoir d'aller le visiter pendant sa captivité: je ne manquai pas d'être du nombre.

1836 – "Réunion du Parlement Provincial le 22 Septembre: réponse de Lord Glenelg à l'adresse de Mars: nouvelle adresse de la Chambre, refusant de procéder inutilement aux affaires avec le Conseil Législatif actuel: présentation à la Chambre d'Assemblée de la requête de Mr. Duvernay, se plaignant de la conduite illégale des Juges Reid & Pyke, & du Procureur Général: la Législature est prorogée après une session de 13 jours; Lord Gosford renouvelle ses reproches & l'expression de son désappointement. La Banque du Peuple, établie le 10 Juillet 1835, prospère & paie 10 pr. cent d'intérêt pour la 1ère année. L'Assurance Mutuelle établie pour le Comté de Montréal. Monument erigé "au milieu de la Place du Marché", à St Denis, à la Mémoire de *Louis Marcoux,* par les Patriotes de la Rivière Chambly. La "Convention *Constitutionnel-*

le" joue une seconde farce, plus ridicule même que
la première. Sir Charles Grey, un des Commissaires,
part pour l'Angleterre avec le dernier rapport de la
Commission. Lord Gosford continue à administrer les
affaires de la Colonie avec faiblesse & inertie. Le
Peuple Canadien souffre, & attend toujours avec patience".

Je viens de donner la relation rapide & concise,
des évenemens les plus marquans de notre histoire
politique depuis la Conquête. Nous voilà maintenant
arrivés à cette année de 1837, qui figurera d'une
manière si saillante dans les Annales d'un infortuné
pays, qui semble aujourd'hui destiné à de longs malheurs   à des grandes souffrances, avant que le soleil
de son émancipation se lève sur son sol dévasté. Après
nombre d'années de persécutions, d'injustices & d'outrages, un Peuple poussé à bout, qui se voit enlever
ses Chefs & ses Défenseurs, & les voit plongés dans
les cachots, ne peut supporter cette nouvelle insulte.
Avec un dévouement digne de lui, il environne ses
hommes publics, & dit qu'il partagera leurs dangers,
que s'ils succombent dans cette noble lutte, il suc-
combera avec eux. Aussitôt les esclaves du Pouvoir
sont lancés contre ce Peuple généreux. Inférieur en
nombre, en armes, & en discipline, il réussit néanmoins à les repousser d'abord, & l'espérance réjouit
tous les coeurs. Mais bientôt les troupes de nos tyrans reviennent, leurs forces sont doublées, elles rou-
lent à flots pressés sur les Héros de St Denis, &
l'astre de notre destinée s'obscurcit de nouveau, les
profondes ténèbres d'un odieux despotisme s'étendent
comme un voile d'un bout de cette contrée jusqu'à
l'autre, & la Liberté fuit de cette terre infortunée,
pour y revenir... aucun mortel ne peut prévoir en quel
temps!

Je vais entrer au long dans les détails de tout ce
qui s'est passé cette année: les plus petites particularités je les rapporterai, autant que ma mémoire me
le permettra; persuadé comme je suis, qu'en temps &

lieu, & pour certaines personnes, elles seront pleines d'intérêt.

* * *

1837 – Au commencement de l'année, Sir George Gipps, un des Commissaires, & Mr. Elliot, leur Secrétaire, laissèrent la Province, & tout paraissait calme & en suspend à l'attente de la publication du Rapport de ces 3 hommes, qui tenaient entre leurs mains le sort de tout un Peuple! Ce Rapport fut enfin présenté à la Chambre des Communes, & aussitôt quelques copies en fùrent envoyées en Canada, l'une entr'autres à Papa. C'était un volume de plus de 400 pages in-octavo! "Il est singulier qu'ils aient pris toutes leurs informations des Officiels & de leurs amis politiques. Il est étrange que malgré cela, ils avouent que toutes les plaintes du Peuples sont fondées. Et plus étrange encore, ils recommandent au gouvernement de *refuser toutes les réformes demandées*".

Lorsque les Ministres connurent le résultat de la Session de Septembre 1836, lorsqu'ils virent la fermeté de notre Chambre, ils prirent le parti de violer tous nos droits, de sacrifier toutes nos libertés, de faire de nous un peuple d'esclaves, pour contenter leur orgueil, qui ne voulait pas céder à *"quelques démagogues coloniaux!"* Depuis le jour qu'ils mirent toute honte de côté, ces despotes ne connaissent pas de borne à leurs injustices. Le 6 Mars 1837, le Secrétaire de l'Intérieur, Lord John Russell, introduit dans la Chambre des Communes 10 Résolutions, qui disent en somme que nous nous plaignons, que nous n'avons pas raison de nous plaindre, qu'il ne convient pas de nous accorder nos demandes, & que puisque la Chambre refuse les subsides, il est convenable que le Parlement Impérial autorise le Gouvernement à prendre *notre* argent, dans *notre* trésor public, pour payer *nos* officiers publics, *sans notre consentement*, ou, ce qui est plus clair, & pas moins vrai, *de voler notre argent de notre poche! Mr. Leader proposa en* amendement, *"qu'il est convenable de remplacer le Conseil Législatif dans le Bas-Canada par un Conseil Electif."* Cet amendement fut rejetté, & la considération des "résolutions-monstres" fut remise à mercredi.

Mercredi, le 8 de Mars, quelques unes des "Résolutions coércitives" furent passées, les autres remises.

Vendredi, le 21 Avril, les Débats furent repris à la Chambre des Communes sur ces `Résolutions. Mr. Leader proposa d'en remettre la considération "à 6 mois de ce jour. "Sa motion est perdue par une majorité de 153; les Résolutions passent, & sont envoyées à la Chambre des Lords.

Radicaux déclarèrent dès le commencement, qu'ils emploieraient toute leur énergie pour en empêcher la passation. Et c'est ce qu'ils firent. Les débats furent très longs & très animés, & nos amis défendirent chaque pouce de terrain. Parmi eux se distinguèrent *Mrs. O'Connell, Hume, Roebuck, Leader, Molesworth,* &ca.

Je crois que c'est le 24 d'Avril, que parut le premier no. d'un violent petite journal tory, en français, établi à Montréal par Mrs. Débartzch, De Bleury, Jacques Viger, & autres renégats, intitulé *"Le Populaire",* & dont on peut dire, comme de *"L'Ami du Peuple":* "son nom même est un mensonge".

Avril – Un jour, à la fin d'Avril, je revenais à la maison dans l'après-midi. En entrant dans la salle à manger j'y trouvai plusieurs de nos parens & amis. Ils paraissaient absorbés dans de tristes reflèxions, & gardaient le silence. Je le rompis pour savoir ce que cela voulait dire, & j'appris que l'on venait de recevoir la nouvelle de l'introduction, dans la Chambre des Communes, le 6 de Mars, des infâmes résolutions de l'infâme Russell! Je dis aussitôt "qu'il faudrait à présent du sang pour règler cette question". Je ne me trompais pas: & aujourd'hui encore je dis "qu'il faudra du sang pour règler cette question". Nos orgueilleux tyrans ne seront jamais justes; il faudra leur arracher le Canada avec le fer & le feu, & y renverser le drapeau britannique, avant que ce malheureux pays puisse jouir d'un bon gouvernement! Que dira la postérité de l'infamie du gouvernement anglais à l'égard de ma chère patrie?... Il suffira de prononçer ces quatre mots, & l'Angleterre sera jugée: *Amérique, Acadie, Irlande, & Canada!!!*

Il serait difficile d'exprimer la sensation que fit cette nouvelle, & l'indignation générale qu'elle créa dans toute l'étendue du pays. A peine une semaine était écoulée, que le *Comté de Richelieu* montra le noble exemple.

7 Mai – Le 7 de Mai eu lieu à St Ours, la 1ère "assemblée anti-coercitive". Le Dr. *Wolfred Nelson,* qui fut pendant plusieurs années Membre de la Représentation, mais qui s'était retiré de la vie publique, comprit qu'à cette heure critique la Patrie avait besoin de l'aide de tous ses enfans, & il se lança des premiers dans la noble & *constitutionnelle* résistance aux voleurs de notre trésor. Voici en deux mots l'analyse des Résolutions passées à cette assemblée; elles donneront une idée de celles adoptées aux autres assemblées subséquentes, car elles n'ont nullement différé en substance les unes des autres:

Nous protestons solemnellement contre ces Résolutions. Nous considérons *qu'elles violent & détruisent essentiellement la Constitution,* & privent la Chambre d'Assemblée du seul moyen qu'elle ait de faire respecter ses droits & ceux de ses constituens; ce moyen était de retenir les subsides. Puisqu'on lui arrache ce droit, *ce droit inaliénable comme la Constitution elle-même;* puisque l'on vide notre trésor public, *sans le consentement de nos Représentans;* nous nous engageons à empêcher, *par tous les moyens constitutionnels,* ce trésor public de se remplir, & par là nous empêcherons le pillage, "car lorsque le coffre sera vide les voleurs *auront beau* y mettre les mains, ils n'en retireront rien". (2) Comme le revenu

---

(2) extrait d'un article publié dans la *Minerve,* écrit par un jeune *"rebelle".*

procède principalement des taxes prélevées à la douane sur les objets de commerce importés, nous nous
engageons à nous abstenir de la consommation des
vins, rums, thé, café, sucres, tabac, marchandises
sèches, &ca. qui viennent du dehors, & au contraire
à encourager les manufactures domestiques, & l'in-
dustrie nationale.

Ils nommèrent ensuite "Un Comité Central & Per-
manent de Comté", pour promouvoir les vues de l'assemblée, & choisirent un certain nombre de "Délégués pour le Comté à aucune Convention Générale qui
pourrait être ci-après convoquée".

La publication des procédés de cette assemblée fut
le tocsin de l'agitation dans toute la Province. De
toute part résonna le cri du grand *O'Connell: "Agitation! Agitation!! Agitation!!!"* Pendant que le Peuple Canadien "se levait comme un seul homme", nos
amis & nos ennemis, de l'autre côté de l'Océan, n'é-
taient pas oisifs.

9 Mai — Le 9 de Mai, les "Résolutions coercitives"
ayant été amenées sur le tapis dans la Chambre des
Lords, il ne s'y trouva *qu'un seul homme juste!* & cet
homme, c'est *Henri Lord Brougham.* Il entra son pro-
têt sur les journaux de cette Chambre contre ces Résolutions, qui furent adoptées le lendemain, à la honte
éternelle du Parlement Impérial!

15 Mai — Le 15 de Mai, deux Comtés eurent leurs
"assemblées anti-coercitives", les Comtés de Verchères & de Montréal. J'assistai à celle de ce dernier.
Papa y parla pendant 2½ heures: son discours a été
depuis publié en forme de pamphlet.

Ces assemblées se multiplièrent rapidement, & vers
la fin de l'été elles s'étaient étendues à la plupart des
Comtés de la Province, dans le district de Montréal
surtout, où il n'y en eu qu'*un ou deux* sans assemblées.
Lorsque les troubles éclattèrent, l'organisation de "Comités Centraux de Comtés" & de "Comités de Vigilance de Paroisses ou townships" n'était pas encore
complette, mais elle l'aurait été bientôt. Le "Comité
Central du Comté & District de Montréal", est certai-

nement celui qui montra le plus d'énergie & d'activité. Il se réunissait une fois par semaine, & était le rendez-vous des Patriotes de toutes les parties du Pays. Je parlerai plus tard de ses procédés. Il n'avait que deux Officiers permanens, ses Secrétaires, Chevalier de Lorimier, notaire, & George Cartier, avocat. Ils sont tous deux à l'abri des poursuites des Tories; le premier est réfugié dans ce Pays, & le dernier est en lieu de sureté. À chaque réunion l'on nommait un Président *pro tempore.* Peu de temps après son organisation, j'entrai un jour en passant pour le voir siéger: c'était la coutume à la fin des séances d'y adjoindre de nouveaux membres, & parce que j'étais le "fils de Mr. Papineau", on me fit l'honneur de mettre mon nom sur la liste. Depuis ce jour, je me suis toujours fait un devoir d'y assister régulièrement. La même raison qui me fit "Membre du Comité Central", me mit en butte *aux coups de griffes* de *"marcou*-né (Marconnay), Editeur du *"Populaire"*, qui dans le courant de l'été fit souvent allusion au *"bambin"*, qui entre parenthèse avait 2 ou 3 pouces de plus haut que lui, le petit "monstre".

1837 – Les Comtés qui furent, ou les premiers, ou les mieux organisés, sont ceux de Richelieu, Montréal, Chambly, Lac des Deux Montagnes, L'Acadie, Laprairie, &ca.

20 Juin – Le 20 de Juin, le roi Guillaume IV mourut, & fut remplacé par Victoria I, jeune demoiselle de 17 à 18 ans. Je fus un des premiers à Montréal qui apprirent cette mort: je ne sais par quel hasard je me trouvais au port, lorsque la barque à vapeur *"Princess Victoria"* arriva de Laprairie, avec ses pavillons à demi-mats. Sur demande, j'appris cette nouvelle, si *douleureuse!* pour les *"Loyaux",* si indifférente pour les Patriotes. Les premiers portèrent le deuil pendant un mois! Les derniers n'en firent pas plus de cas que si c'eut été l'Autocrate Nicholas qui fût mort.

24 Juin — Notre fête patronale, la St Jean Baptiste, s'adonna un samedi, 24 Juin. La célébration en fut en conséquence remise au lundi, à cause du maigre.

Vers 4 heures de l'après-midi, j'allai chez Mr. Jos. Roy, & j'y trouvai son fils, mon ami intime. Nous nous mîmes chacun à la boutonnière un bouquet de feuilles d'érable, lié par un ruban tricolore & dans cet équipage nous fîmes le tour de la ville, passant le long du port, & dans les rues les plus fréquentées. Dans notre promenade nous fîmes froncer plus d'un sourcil *"loyaliste"*. Nous nous rendîmes ensuite à *l'Hotel Nelson,* sur le *Marché Neuf,* pour prendre part au banquet patriotique. La salle était élegamment décorée par des branches d'érable, un tableau en transparent de St Jean dans le Désert, & des drapeaux Canadiens. (1) La table était abondamment servie, mais point d'importation! On y trouvait du whiskey, du cidre, de la bière, point de vin; du sucre, mais du sucre d'érable, & ainsi du reste. L'Honorable D. B. Viger présidait. Les discours, les jolies chansons, la gaité, tout contribua à en faire une fête vraiment Canadienne.

Lors de l'assemblée du Comté de Montréal, dans le mois de Mai, les Tories dirent "que nous n'avions pas osé tenir cette assemblée dans la ville, parce que nous craignions de montrer notre nombre, & que nous avions peur de leurs bâtons." C'est l'usage de tenir une Assemblée de Comté au Chef-Lieu, & c'est pour cela que celle du mois de Mai s'était tenue à St Laurent. Mais afin de prouver aux Tories que nous ne craignions pas de nous montrer, & que nous n'avions point peur de leurs bâtons, il fut résolu que le 29 de Juin, fête des saints Apôtres Pierre & Paul, il y aurait une grande "Assemblée anti-coërcitive de la Ville de Montréal." On se prépara en conséquence, on tint des "assemblées préliminaires" dans tous les Faubourgs, on nomma des "Comités de Vigilance," &ca. J'assistai principalement à celles du Faubourg de Québec.

Dans l'intervalle, le Gouverneur, qui dans le principe avait affecté de mépriser les "agitateurs," jugea à

---

(1) Il n'y a que 3 ou 4 ans, que l'on a adopté *St Jean Baptiste,* comme Patron national, & l'érable, comme l'emblème du Canada.

propos de lancer une Proclamation, (1) prohibant les assemblées "séditieuses" (selon lui).

29 Juin

Le 29 Juin est le jour établi par la loi pour la revue annuelle des Milices. Lord Gosford décrêta que sa Proclamation serait lu ce jour là aux Miliciens. Je me rendis vers 6 heures du matin, sur la *Place de la Liberté*, & selon les Tories, *Place Dalhousie*, où un des bataillons devait parader. J'y rencontrai plusieurs amis & lorsqu'on en vint à la lecture de la "Proclamation-monstre", nous la sifflâmes. Partie des Miliciens firent chorus, & nous laissâmes la place, après avoir fait bouffir de colère, les majors, les capitaines, & les soldats *"loyaux"*. De là je me rendis sur le *Champ de Mars*, où paradait un autre bataillon. J'y trouvai les Patriotes en plus grand nombre, & les sifflements plus aigus. Au premier mot de la Proclamation, la Compagnie du Capitaine Pyke, fils du juge Pyke, se retira en masse. Le Capitaine, furieux, voulut prendre les noms de ses hommes, *"afin de les transmettre à son Excellence"*; mais avant qu'il aît eu le temps d'en marquer une demi-douzaine, tous avaient disparu. Après avoir largement *goddammé* ces *"dam' Frenchmen"*, & avoir suffisamment toussé pour reprendre le sang froid nécessaire pour lire une "Proclamation Royale," le vaillant Capitaine continua sa lecture, au milieu des risées générales, entouré de son Lieutenant et deux soldats fidèles. *grand Total: 4!*

Cette pièce ridicule éprouva le même sort, avec des circonstances plus ou moins *piquantes,* dans toutes les parties du pays. Une seule & première lecture ne put persuader au Peuple, qu'il n'avait pas le droit de se réunir publiquement, pour approuver ou blâmer ses gouvernans, selon leur bonne ou mauvaise conduite. Jusque là on lui avait enseigné que c'était son droit inaliénable, & il ne voulut point s'en rapporter à la parole de milord Gosford, qui n'eut pas honte de dire, que les *sujets anglais "pouvaient dans des assemblées*

---

(1) Cette Proclamation était datée du 15 Juin.

*publiques approuver le Gouvernement, mais n'avaient
pas le droit de le blâmer."* (2) Le pauvre homme con-
firma l'opinion qu'entretenait le public, de son ineptie,
& de son incapacité de gouverner des hommes libres.
Il fit rire à ses dépens, & les assemblées n'en devinrent que plus nombreuses. Peu de jours après eut lieu
celle du Comté de St-Hyacinthe. Il y avait plus de 1000
Electeurs présens. Durant toute l'assemblée, la Pro-
clamation-Gosford demeura affichée sur la muraille,
au dessus de la chaise du Président! Revenons au 29
Juin.

29 Juin –L'Assemblée avait été fixée pour après
vêpres, au *Marché du Faubourg St Laurent,* dans la
Grande Rue. Après la messe je dinai à la hâte, & me
rendis au Comité de Vigilance du Faubourg de Québec,
dont j'étais membre. Là nous nous divisâmes en petits
pelotons, de 2 ou 3 chaque, & parcourûmes le faubourg
en toutes directions, jusqu'à 4 heures, afin d'avertir les
gens, & les engager à s'y rendre en grand nombre.
Nous prîmes ces précautions, parce que nos ennemis
remuaient ciel & terre depuis quelques jours pour effrayer le peuple, & l'empêcher de faire cette manifesta-
tion publique. Les presses du *"Populaire"* enfantèrent
des milliers *"d'avis aux Canadiens,"* signés: *"Sabrevois" ("Sabre de bois") De Bleury, M.P.P.,"!!!* par lesquels le *charitable petit grand* homme priait ses
"chers" concitoyens de s'éloigner de cette assemblée,
où les Patriotes & les Tories en viendraient aux mains,
& où il y aurait *probablement* tant de sang répandu, &ca.
Je ne me rappelle point, si même il ne leur assurait
pas que nous déclarerions l'Indépendance! Pendant
l'après-midi nous entrâmes dans plus d'une maison, où
l'on nous apostropha ainsi: "Ah! Messieurs! dites nous
donc, s'i' vous plait! Est-i' vrai qu'i' va y avoir du
train à l'Assemblée? On nous a dit qu'i' en aurait, &
nos maris y sont allés malgré nous. Ah! mon Dieu!

---

(2) Je cite ses propres paroles. Cet imbécile traça ces mots dans
une lettre à un magistrat ou officier de milice, dans laquelle il lui
demandait officiellement s'il avait assisté à l'assemblée de son
Comté!

Nous sommes ben inquiètes!" Nous rassurions les femmes, & continuions notre besogne, satisfaits des hommes, qui "n'avaient" *pas* "peur des bâtons loyalistes." Après notre tournée nous nous rendimes au *Marché St Laurent.* L'assemblée fut des plus nombreuses; il n'y avait pas moins de 4 ou 5000 personnes. Après les discours finis, & les résolutions adoptées, le Peuple se forma en une longue colonne serrée, 10 de front, & reconduisit à sa demeure le Président, Edouard R. Fabre, en chantant la *Parisienne,* la *Marseillaise,* & des chansons Canadiennes.

Papa n'assista pas à cette assemblée, parce qu'il se trouvait le même jour à celle des Comtés de l'Islet & Bellechasse, où il avait été invité. Dans le courant de l'été, il assista à plusieurs autres, mais toujours après s'être fait longtemps prier. On lui envoyait lettre sur lettre, il répondait, & s'excusait. Alors venait une députation de 10, 15, 20, des plus respectables Citoyens d'un Comté. Il était impossible de refuser. Malgré cela, les Tories l'accusaient d'aller de paroisse en paroisse, "pour semer la désaffection & recevoir des honneurs." Ceux qui l'invitèrent, & qui eurent tant de peines à obtenir son consentement, savent ce qui en est, & peuvent en rendre témoignage. – Partout où il passait, il était reçu en triomphe. Les maisons étaient ornées de feuilles d'érable & de pavillons. Une longue suite de voitures le suivait, avec des drapeaux, & les milices sous les armes. Là où y avait du canon l'on s'en servait, &ca. Il fut dans les Comtés de L'Acadie, Lac des 2 Montagnes, Berthier, Lachenaie, L'Assomption, Bellechasse, &ca. &ca. Il y en a plusieurs autres, où il fut invité, & refusa d'aller absolument. Les Tories, qui avaient pu éxaminer tout à leur aise notre glorieuse assemblée du 29 Juin, & *compter notre nombre,* voulurent prouver qu'il n'y avait pas que des "agitateurs" dans Montréal, mais aussi de *bons sujets,* & ils fixèrent leur "*grande* Assemblée Loyale" pour le 6 de Juillet.

Le 4 Juillet –Le 4, *jour anniversaire de la Déclaration d'Indépendance des Etats-Unis,* le Comté de Missisquoi eut son "Assemblée anti-coercitive": le drapeau Américain y figura à côté du drapeau Canadien.

Le 6, les Tories commencèrent vers midi à parcourir les rues, musique en tête, & enseignes déployées, afin de faire une "queue" d'enfans & de curieux, & se rendirent ensuite sur la *Place d'Armes,* où avait été élevé leur *husting.* Ils passèrent des résolutions, & firent des discours violens, afin de se féliciter, eux & leurs amis, & remercier le Gouvernement, de ce qu'il daignait leur enlever leur bourse, & en faire un troupeau d'esclaves. Voilà ce que c'est d'être *"Loyalistes"* & *"Constitutionnels",* tout à la fois. Allons! Messieurs les Tories, il faut renier l'un de ces titres; vous savez bien qu'en Canada il est impossible aujourd'hui de donner ces deux noms au même homme!

Cette assemblée fut en somme une défaite. Il n'y eu jamais 2000 personnes présentes; & vers la fin, je passai sur la Place, ils n'étaient pas 500. Ils eurent cependant l'impudence d'en faire monter le chiffre à 8000 ou 9000!

C'est à présent que le Gouverneur, voyant la manière dont avait été traitée sa Proclamation, et son peu d'effet, résolut de persécuter les Citoyens indépendans, qui ne voulaient pas se laisser enchainer sans protester solemnellement contre ces infâmes mesures! Il envoya des lettres de tous côtés aux juges de paix & officiers de milice, pour leur demander "s'il était vrai, *comme le disaient la Minerve & le Vindicator,* qu'ils avaient assisté à telle assemblée de Comté, y avaient proposé ou secondé telle résolution." Ces lettres reçurent les réponses qu'elles méritaient, des réponses comme il convenait à des hommes libres d'en faire.

Papa était major de Milice, & reçut en conséquence une de ces lettres. Il y répondit, & n'en dit rien à personne. Un soir nous venions de recevoir le *Vindicator,* & Papa le lisait. La conversation roulait sur les destitutions &ca. lorsque quelqu'un s'avisa de dire: je ne sais quelle sera la réponse de Mr. Papineau, s'il reçoit une de ces lettres. – "La voici, dit Papa, & il lut dans le *Vindicator,* ce qui suit:

Montréal 14 Août 1837.

Samuel Walcott,
    Secrétaire civil.

Mr,

La prétention du Gouvr. de m'interroger sur ma conduite à St Laurent, le 15 Mai dernier, est une impertinence que je repousse par le mépris & par le silence.

Je ne prends donc la plume que pour dire au Gouvr. qu'il est faux, comme dans son ignorance il le peut croire, ou comme du moins il le dit, que quelques unes des résolutions adoptées dans l'assemblée du Comté de Montréal, tenue à St Laurent le 15 Mai dernier, recommandent la violation des lois.

Votre obéisst. serv.

L.J. Papineau.

(Vraie copie)

Il fut destitué, avec beaucoup d'autres. Là dessus des centaines de magistrats & d'officiers jettèrent leurs commissions à la figure de Lord Gosford, déclarant qu'ils voulaient être libres avant tout, & que lorsqu'ils avaient accepté ces charges ce n'était pas avec l'intention de devenir les instrumens passifs du pouvoir; que puisque le Gouverneur ne paraissait vouloir, dans la magistrature & la milice, que des esclaves, ils se hâtaient de lui transmettre leurs résignations, préférant être simples citoyens libres que hauts personnages chargés de fers.

Ces hommes que le Gouverneur persécutait, le Pays se fit un devoir de les honorer. A chaque assemblée des Comités Centraux, l'on passait des résolutions, par lesquelles l'on félicitait ces personnes d'avoir renvoyé leurs commissions, & s'ils se trouvaient à l'assemblée on leur fesait prendre le siège présidentiel. On lisait leurs réponses au gouverneur, & ensuite on ordonnait leur impression dans les gazettes réformistes. Il est à regretter que ces réponses n'aient pas été réunies en un pamphlet, elles le méritaient pour la plupart.

1837 – A ces assemblées de Comités se fesaient aussi des discours, pour encourager & exhorter le peuple à s'en tenir strictement au "système de non-consommation". Cette partie de notre résistance *constitutionnelle* & *passive* aux tyrans réussit d'une manière étonnante. Hommes, femmes, enfans, tous travaillaient avec ardeur à diminuer le revenu. Les Représentans furent les premiers à donner l'exemple, & à paraitre en public vêtus d'étoffes Canadiennes. Les jeunes gens ne restèrent pas en arrière. La vanité, l'amour de la toilette, qui leur est souvent naturelle, ne les empêcha pas de porter la *grosse toile* & *l'étoffe grise. Salus Patrioe Suprema lex est!* Le beau sexe ne les repoussa pas sous le costume national. Au contraire, à St Antoine, St Denis, St Charles, Comté des 2 Montagnes, &ca, elles eurent des assemblées, dans lesquelles elles promirent de repousser les ennemis de leur pays, & de donner la préférence & une place dans leurs coeurs, à ceux qui n'auraient pas honte de porter les tissus qu'elles fileraient de leurs propres mains. A Montréal, Mad. Lafontaine & Mad. Peltier eurent l'honneur d'être les deux premières dames, qui parurent publiquement vêtues d'étoffes canadiennes. − Cette mesure doubla, tripla la valeur des produits domestiques, & par conséquent enrichit le cultivateur, & fit du bien au pays, en même temps qu'elle fesait du mal à ses oppresseurs. Chaque jour voyait paraitre dans le marché de nouveaux pattrons, & des étoffes plus fines. (3) En un mot, l'enthousiasme était tel, que nous aurions bientôt réduit les voleurs à la famine, si ces brigands n'avaient résolu de nous assassiner.

Les méchants sont d'abord filous, puis voleurs, & finalement ils deviennent brigands & meurtriers, tendent des embûches au voyageur dans les bois, & l'égorgent après lui avoir enlevé sa bourse. Du petit au grand, tirez la conclusion!

Disons ici quelques mots sur la Presse. Par l'opposition continuelle du gouvernement à la diffusion des lumières, il n'est malheureusement que trop vrai que

---

(3) Je suis si persuadé de l'avantage de cette mesure, même simplement sous un point d'économie domestique & nationale, que j'ai pris la résolution, si je retournais en Canada, de ne jamais porter que des étoffes Canadiennes, si faire se peut.

la masse du peuple ne sait pas lire, & c'est un grand
obstacle à ses progrès. Cette odieuse opposition du
pouvoir est une tache, dans ce siècle éclairé, & l'Angleterre peut rougir, si elle en est capable, de se voir
comparée avec justice à la Russie. Oter à un peuple
les moyens de s'instruire pour le subjuguer plus aisément! dans le 19e siècle! dans une partie de l'empire
Britannique! Postérité! toi qui doit voir la Liberté partout triomphante... le croiras-tu?... Oui! Tu sauras ap-
précier ces fiers despotes de l'Océan, si généreux avec
le fort, si cruels avec le faible; qui comprennent &
respectent si bien les droits d'un peuple qui a des
bayonnettes & des canons, qui ne connaissent aucun
principe de morale, de justice, d'humanité, lorsqu'ils
ont affaire à un peuple qui n'a pas les mêmes argumens
à leur présenter. "La loi du plus fort est toujours la
meilleure". Cette sentence devrait remplacer, sur les
armes britanniques, le "Dieu & mon droit" là si pom-
peusement affiché. Ils devraient adopter cette *petite*
réforme au moins, puisqu'ils n'en veulent point de
"radicale"

Il s'en suit de cette opposition des tyrans, qu'il y a
peu de journaux en Canada, & qu'ils sont imprimés
dans les villes seulement.

Avant le commencement des troubles, nous en avions
deux catégories, des journaux de deux couleurs. Jour-
naux Tories, qui approuvaient les mesures coercitives
du Gouvernement: *La Gazette de Québec* (Angl. &
Franç.), le *Mercury,* le *Canadien,* à Québec; le *Herald,
Montreal Gazette, Morning Courier, Ami du Peuple,
Populaire,* à Montréal. Journaux Patriotes, qui s'oppo-
saient à l'anéantissement de nos droits les plus chers:
Le Libéral (Angl. & Franç.), à Québec, *Le Glaneur,* à
St Charles, la Minerve & le Vindicator, à Montréal.

Juillet – C'est dans le cours de Juillet, que le gouvernement persécuta quelques citoyens des Deux Montagnes, sous faux prétextes "d'attentats & insultes contre les loyaux sujets de Sa Majesté". On fit de grandes
menaces, on parla même d'envoyer des troupes. Le
Grand-Connétable Delisle & quelques subalternes s'y

transportèrent, trouvèrent un paisible cultivateur, nommé Labelle, travaillant dans son champ, le saisirent, & l'emmenèrent à Montréal à demi vêtu, sans chapeau ni souliers! Ils traversaient en bac de St Eustache à l'Ile Jésus, lorsqu'un parti à cheval & armé y arrivait à leur poursuite, qui leur aurait probablement arraché le prisonnier s'ils avaient été quelques minutes en retard. A son arrivée en ville, il fut cautionné, vêtu, & reconduit chez lui par deux membres, députés du Comité Central de Montréal. Le Dimanche suivant, Duchénay, Député-Shérif, arriva à St Benoit pendant la Messe. Il parcourut les maisons du village en fesant le poliçon, & s'amusant à effrayer les femmes & les enfans en leur annonçant les malheurs qui les menaçaient, si on ne lui livrait aussitôt les individus accusés. Après la messe, plusieurs citoyens lui dirent qu'ils lui seraient livrés, s'il promettait de les admettre à caution dans la paroisse, *selon la loi.* Il rejetta leur proposition, en disant qu'il saurait bien les trouver. Après diner il se transporta à la *Côte St Pierre,* où résidaient les accusés. Il revint le soir, confus & désappointé, sans ses prisonniers, & consentit à la proposition faite le matin. On trouva les accusés, ils donnèrent "caution de garder la paix"; et ainsi se termina cette affaire, qui fit tant parler les journaux, & faillit avancer de quelques semaines l'outrageante attaque des tyrans contre la liberté individuelle & les droits publics des habitans du Canada.

Si je ne me trompe, c'est dans le mois d'Aout que fut organisé le "Comité Central de la Ville & District de Québec, & que fut établi *"Le Libéral",* journal semi-hebdomadaire, publié en Français et en Anglais dans les intérêts Canadiens.

17 Août –La Législature ayant été convoquée, elle se réunit le 17 de ce mois. Comme de raison elle refusa de sièger, & fut prorogée le 26, après 10 jours de session.

Le 12 de Septembre, Papa, Lactance & moi, allâmes coucher à Verchères, & nous nous rendîmes à St Hyacinthe le lendemain. Lactance retournait au Collège, les vacances se terminant le 15. – Le lendemain de notre arrivée, Sir John Colborne, Commandant des Forces Militaires dans le B. Canada, s'adonna à passer par St Hyacinthe, en route pour les Townships de l'Est. Le soir le Peuple se rendit à l'auberge où il se retirait, & le régala d'un charivari dans les formes. Papa n'en fut pas satisfait, à cause de sa présence dans l'endroit. – Lundi, le 18, j'étais sorti dans l'après-midi. L'on vint me chercher, en me disant qu'il fallait me préparer à partir pour St Denis. Sachant que nous ne devions partir que sous 2 ou 3 jours, je ne savais que penser. En arrivant chez ma tante, j'y trouvai le fils ainé du Dr. *Wolfred Nelson,* un jeune Dansereau, Adolphe Mailhiot, fils de l'Honorable, &ca., en uniforme de compagnies volontaires de jeunes gens de St Charles & St Denis, mon oncle Pierre Bruneau, &ca. Le bruit s'était répandu que nous devions nous rendre à St Denis ce jour-là, & le Peuple était venu au devant de nous jusqu'au village *de la Présentation,* pour accompagner papa en triomphe. Voyant que nous ne venions pas, ils avaient envoyé cette députation nous chercher. Mon cousin Dessaulles prit Papa dans sa voiture, je pris mon oncle Ignace Robitaille dans la nôtre, & suivis d'un nombre de voitures nous nous mîmes en marche. Dans l'intervalle, les citoyens de St Hyacinthe plantèrent sur la Place Publique *un Mai,* qu'ils voulaient élever le lendemain avec plus de solemnité en l'honneur de Papa, & lorsque nous passâmes, ils nous saluèrent par des houras & des volées de mousquetterie. A la *Présentation* nous trouvâmes le *Dr. Wolfred Nelson,* qui nous attendait à la tête des Citoyens de St Denis. Il monta avec Papa sur la galerie d'une maison, & ils parlèrent l'un & l'autre au Peuple. Ils montèrent ensuite dans la même voiture, & les autres se formèrent en ligne à leur suite, portant des branches d'érable & des drapeaux, & chantant des chansons Canadiennes. Il était nuit lorsque nous arrivâmes à St Denis, & les maisons étaient illuminées. Le lendemain à 2 heures, le Peuple vint en procession chercher Papa, chez mon oncle Séraphin Cherrier, & l'on se rendit à la traverse, musique en tête & drapeaux déployés. L'on traversa sur une barque à chevaux, la bande jouant & chantant alternativement des airs Canadiens. De l'autre côté l'on se mit en marche pour Verchères, après un discours du *Dr. Nelson* & de Papa. Il y avait près de 200 voitures. A Contrecoeur *au Détours,* Papa s'adressa au Peuple en les remerciant, & les priant de retourner; mais ils persistèrent à le reconduire jusqu'à Verchères. Là, il fallut encore un discours, dans lequel il annonça, au milieu des plus bruyantes acclamations, qu'une personne arrivant de Montréal, rapportait que le Grand Jury avait acquitté le *Dr. Duchesnois,* de Varennes, accusé d'avoir séditieusement déchiré lors de sa lecture la Proclamation — Gosford du 15 Juin. Les Citoyens de la Rivière Chambly qui nous avaient accompagné, s'en retournèrent ensuite chez eux. Nous couchâmes à Verchères. Pendant la nuit des couriers furent envoyés jusqu'à Longueil, & le lendemain vers midi, les voitures & les cavaliers arrivèrent de tous côtés. Après diner l'on se mit en marche, les voitures à la file, & les cavaliers en grand nombre entourant la voiture où était papa. Le long de la route, presque toutes les maisons étaient ornées de pavillons & de branches d'érable. A Varennes l'on s'arrêta chez un des principaux citoyens de l'endroit, & il y eut plusieurs discours de prononcés. De minute en minute l'on tirait un coup de canon: ce qui effraya mon cheval au point qu'il rompit les rênes avec lesquelles je l'avais attaché à une clôture. Il fallut le mener chez le sellier pour les faire raccommoder, & dans l'intervalle la procession continua pour Boucherville; mais je pressai le sellier, & je la rejoignis bientôt. Malheureusement je me trouvais alors des derniers, & la poussière qu'élevait une si longue suite de voitures me tourmenta jusqu'à Boucherville, où nous ne nous arrêtâmes qu'un instant, & où j'eus soin de prendre une meilleure position. En arrivant à Longueuil nous trouvâmes un corps de milice sous les armes, qui nous salua par plusieurs décharges. Malgré Papa, un nombre de voitures persistèrent à le reconduire jusque chez lui, & traversèrent en conséquence. Je n'ai parlé si au long de ce triomphe, que

pour donner une idée de l'enthousiasme du Peuple, &
du progrès de l'Agitation.

Je crois que c'est lundi, le 25 de ce mois, que se tint
à *l'Hotel Nelson, Marché Neuf,* "une assemblée des jeunes gens Réformistes de Montréal, pour affaires im-
portantes". (4) Il y avait environ une cinquantaine de
personnes présentes. Le but de l'assemblée ayant été
exposé, un Comité fut nommé, composé des personnes
suivantes, pour présenter à une assemblée qui aurait
lieu le dimanche suivant, un plan d'Association des jeunes gens réformistes: J. Bte Henry Brien, Henry Al-
phonse Gauvin, André Lacroix, médecins, André Ouimet,
Avocat, André Benjamin Papineau, Notaire, Rodolphe
Desrivières, Clerk à la Banque du Peuple, Ls. Jos.
Amédée Papineau, Etudiant en Loi. Le Comité se réunit plusieurs fois, & chacun y proposa son plan. C'est
le mien qui eut l'honneur d'être adopté, en grande partie; & je proposai le nom de la Société: *"Association
des Fils de la Liberté".* Je ne sais qui proposa la
devise, qui est si convenable: *"En Avant!"* Il me semble que ce fut Lacroix.

Vendredi, le 29, je partis avec papa pour la Petite
Nation. Nous dinâmes à St Martin chez ma tante Veuve
André Papineau, & couchâmes au Grand Brûlé ou St
Benoit chez Mr. Dumouchelle. Le lendemain, 30, nous
allâmes diner chez un ami à Carillon, Mr. Montmar-
quet, au pied du Long Sault, & continuâmes ensuite
notre route. Dans les bois de Grenville, township voisin
de la Petite Nation, la pluie commença à tomber abondamment, & la nuit vint bientôt, puis des chemins affreux. Il n'y avait pas longtemps que nous étions
dans la Petite Nation, lorsqu'en montant une côte de
glaise le cheval glissa, tomba, & rompit le timon de la
voiture. Il faisait si noir que l'on ne voyait rien. Je
courus plusieurs arpens, dans la boue jusqu'aux genoux,
chercher de l'aide & une lumière. Je revins bientôt avec
l'un & l'autre. Nous détalames le cheval, laissames
la voiture là, & allames à la chaumière. L'homme mit

---

(4) Notice de convocation.

le cheval dans son écurie, entra nos effets dans la maison, & nous guida chez Pépé, qui demeurait à quelques arpens plus loin. Il avait laissé Montréal pour aller demeurer à la Petite Nation, depuis le printemps. Le lundi nous nous rendîmes chez mon oncle Benjamin Papineau, qui demeure à l'autre extrémité de la Seigneurie – Sur la 3e terre audessus de celle de Pépé, appartenant à une famille du nom de Tranchemontagne, est l'endroit, près de la grève, appellé Chipai, (5) qui veut dire *cimetière* dans la langue des Algonquins, parcequ'une bourgade de cette nation, située en cet endroit fut attaquée de nuit par un parti d'Iroquois, incendiée, & ses habitans massacrés. On fait remonter cet évènement avant la découverte du Canada; & lors de l'établissement de la Seigneurie par Pépé, leurs descendans ne passaient jamais sans s'arrêter. Ils y campaient pendant une nuit, qu'ils passaient en pleurs & en lamentations. L'on y a trouvé des calumets & autres indices, qui confirment la tradition des sauvages. – Quelques jours après, ma cousine Honorine Papineau fut mariée au Dr. Leman, Anglais, résident dans le 2d township audessus de la Petite Nation, Buckingham; & j'allai avec Papa & le reste de la famille reconduire chez eux les nouveaux mariés, par eau, dans une espèce de bac. J'y vis de vastes moulins à scie & autres, aux chutes de la Rivière du Lièvre, appartenant à Mrs. Bigelow, Américains. A cet établissement se trouve une curiosité remarquable. Une branche de la rivière disparait tout à coup, s'engouffre, passe sous le roc, & reparait 15 ou 20 pieds plus loin, formant ainsi un pont naturel. Comme cette branche est fermée plus haut par une digue, l'on arrête quelquefois l'eau de couler, & alors l'on peut descendre dans le goufre, & en resortir par l'autre bout. Cela a déjà été fait.

Pendant ce voyage, "L'Association des Fils de la Liberté" s'organisa, élut ses Officiers, & publia son "Adresse aux Jeunes Gens des Colonies Britanniques de l'Amérique Septentrionale", datée du 4 Octobre.

---

(5) Les habitans prononcent *Chipaille*, & étendent le nom à toute cette partie de la Seigneurie, jusqu'à Grenville.

Nous laissâmes la Petite Nation lundi 9 Octobre.
Hélas! quand y retournerai-je?... Nous dinames à la tê
te du Long Sault, à une auberge tenue par un Américain, & allâmes coucher au Grand Brulé chez Mr.
Dumouchelle. Après souper nous allames chez Mr. Gi-
rouard, qui nous fit gouter d'excellent vin de gadelle,
manufacture domestique. Le lendemain matin nous quittames ces maisons, ce village, qui devaient bientôt
n'être qu'un monceau de cendres! ces familles respectables, qui allaient être détruites ou plongées dans les
cachots!! Nous dinames à la Rivière du Chêne ou St
Eustache, chez le *Dr. Chénier.* En le quittant je serrai
la main du héros, du martyr, pour la dernière fois!...
Nous arrivames le soir à Montréal.

12 Octobre – Le 12 d'Octobre l'agitation était certainement grande dans tout le pays, mais rien ne s'y était
passé qui eut la moindre tendance à la rebellion, rien
qui ne fût très constitutionnel; & ce même jour néanmoins, le Traitre Gosford écrit au Bureau Colonial
pour recommander la suspension de la Constitution!!!
Il est heureux que des dépêches dernièrement publiées
aient fait connaitre ce fait important.

Vers le milieu du mois, le Comté des Deux Montagnes se voyant privé de ses magistrats & autres, des-
titués pour avoir protesté, comme Citoyens anglais,
contre la violation la plus outrageante de leurs droits
politiques, ce Comté chercha à remédier aux inconvé-
niens d'un semblable état de choses. Ils élirent dans
chaque paroisse des "Juges-Pacificateurs" ou arbi-
tres, pour décider les différens qui s'éleveraient entre
les réformistes. Ces officiers devaient être élus tous
les ans, & ne recevoir ni salaires ni émolumens. Personne n'était obligé de porter ses plaintes devant eux,
mais lorsque deux individus étaient convenus de s'en
rapporter à leur décision, ils devaient le faire. Si une
des parties en était mécontente, elle pouvait en appeler
au Comité Central du Comté dont le jugement serait
final. Si quelqu'un alors refusait de s'y soumettre, il
devait être déclaré ennemi du pays, & indigne d'être
honoré par le Peuple d'aucune charge, comme celle de

Représentant, &ca. Les Réformistes devaient aussi ces-
ser tout commerce ou relation avec lui. Il n'y avait
dans cela rien d'inconstitutionnel; & c'était un excellent
plan pour avoir la justice & la paix à bon marché, &
donner au Peuple le goût d'institutions républicaines,
& de responsabilité des juges. Les Tories virent où le
coup portait, & crièrent à la trahison de toute la force
de leurs poumons.

Dans le même temps fut convoqué pour lundi le 23,
"une Assemblée de Délégués de chaque paroisse des
Six Comtés de la Rivière Chambly: Richelieu, Verchères, St Hyacinthe, Rouville, Chambly, & l'Acadie,
pour prendre en considération les Résolutions de Lord
John Russell, & l'Etat de la Province".

Dans le principe, l'Association des Fils de la
Liberté avait été formée pour répandre les connaissan-
ces politiques parmi la jeunesse, & lui donner de bonne heure du gout pour les affaires publiques. Mais bientôt le plan avait été modifié, de manière à en faire
tout à la fois une société civile & militaire. Le dimanche toutes les Sections se réunissaient, & étaient dril-
lées publiquement, mais sans armes, aux environs de
la ville. Dans la semaine chaque section se drillait
dans des maisons & cours privées. Nous avions aussi
ouvert des écoles politiques, & des chambres de lecture. Le premier lundi de chaque mois, nous devions
avoir une assemblée régulière & civile de toute la Société. Nous étions divisés en six Sections, selon les
quartiers & faubourgs de la ville, & le nombre total
des Membres s'élevait à environ 2000. Dimanche le 22,
nous nous drillames sur la Côte à Barron, au dessus
de l'évêché. Vers 3 heures je laissai la place, me rendis chez nous, montai en voiture avec mon oncle
Ignace Robitaille, & nous allames coucher à Verchères
où nous arrivames vers 8 heures.

23 Octobre –Le lendemain matin, le 23, nous arrivames à St Charles vers 10 heures. Tout était en
mouvement, & le monde arrivait en foule. Nous nous
rendimes chez le Dr. Duvert, que mon oncle connaissait intimement. L'assemblée devait se tenir dans une

prairie, voisine de sa maison, & lorsque nous passames, on achevait d'y élever, sur le chemin, une colonne de bois, blanchie & dorée, d'environ 15 pieds de
haut, surmontée d'une lance & d'un bonnet de la Liberté, entourée d'un faisseau de flèches, d'un sabre, &
d'un casse-tête. Sur le piédestal étaient peintes des
feuilles d'érable, & l'inscription en lettres d'or: *"A
Papineau des Citoyens Reconnaissans"*. Nous allâmes
ensuite faire une visite à Mr. Louis C. Duvert, notaire,
frère du Dr. & son voisin. En entrant j'y apperçus papa,
qui fut surpris de me voir, parce qu'il ne savait pas
lorsqu'il laissa Montréal, que je me proposais d'aller à
cette assemblée. Vers 1 heure P.M. elle s'organisa
par le choix des officiers suivants: Dr. Wolfred Nelson,
Président, Jos. Toussaint Drolet, M.P.P., & Dr. François C. Duvert, Vice-Présidents, I. Philippe Boucher-
Belleville, & Amury Girod, Secrétaires. La Plateforme
sur laquelle se tenaient ces officiers & les orateurs,
était entourée de sapinages & de branches d'érable, &
audessus était suspendue en draperie une pièce d'étoffe
du Pays, avec cette inscription: *"Manufactures Canadiennes"*. Du milieu de la foule s'élevaient un grand
nombre de drapeaux & d'enseignes, avec des inscriptions & emblêmes convenables. Toutes les maisons du
village en étaient aussi ornées. Il y avait à l'assemblée
un corps de Miliciens sous les armes, & de temps en
temps il faisait retentir l'air de volées de mousquetterie & d'artillerie: il était commandé par les Capitaines Jalbert & Lapare, de St Denis. Je m'approchai du
premier, & examinant son sabre, je lui dis: "Capitaine,
voilà un beau sabre!" – "Oh! oui, dit-il, bel & bon. Il
a déjà servi contre les ennemis du Pays, en 1812, &
servira encore s'il le faut". Il est en prison, accusé
d'avoir tué *d'un coup de sabre* le Lieutenant Weir, à
la bataille de St Denis. (6)

Il y avait 7 ou 8000 personnes présentes, & il y en
aurait probablement beaucoup plus, si le temps & les
chemins eussent été meilleurs. Ces derniers surtout

_____

(6) Nous en parlerons plus tard.

étaient affreux. L'on protesta solemnellement contre les
mesures tyranniques du gouvernement, & l'on déclara
que jamais l'on ne s'y soumettrait. L'on protesta contre l'introduction d'une force armée dans le pays, en
temps de profonde paix, comme c'était le cas depuis
que l'on l'y appellait des troupes du H. Canada & des
Provinces d'en bas. L'on exhorta le Peuple à imiter
dans chaque Comté, l'exemple des Deux Montagnes &
de Montréal, en élisant dans le mois de Décembre
suivant des Juges-Pacificateurs, & en organisant des
branches de l'Association des Fils de la Liberté. Ensuite le Président se leva, dit quelques mots sur la
Colonne, & l'homme en l'honneur duquel elle était
élevée, & déclara au nom de l'Assemblée, le nom de
Village-Debartzch donné à St Charles, changé en celui
de *Papineauville*. Après l'Assemblée, les Miliciens se
rendirent en procession devant la Colonne. Le Dr. W.
Nelson leur fit un discours approprié. Après quoi, ils
la saluèrent d'une volée de mousquetterie, & vinrent
tour à tour mettre la main dessus, en jurant de vivre
& de mourir pour la cause de la Liberté & de la Patrie.

Le soir les Délégués se réunirent en Convention, &
adoptèrent une "Adresse de la Confédération des Six
Comtés au Peuple Canadien", qui fut lue le lendemain
à une assemblée vers 11 heures a.m., à la demeure du
Capt. Siméon Marchesseau. Cette adresse était basée
sur les résolutions de la veille, "contenant une déclaration de principes vraiment démocratiques, énumérant
les griefs de la Province, protestant contre l'introduction de satellites armés, en temps de profonde paix,
pour la coërcition physique & la destruction des habitans de cette Province, qui étaient résolus de ne point
se soumettre aux mesures arbitraires des ministres;
& finalement, recommandant à leurs frères patriotes
de s'organiser dans leurs localités respectives, afin
d'être prêts pour tels évènemens qu'il plairait à la Pro-
vidence Divine d'amener. Cette Adresse exprimait en
même temps, le ferme espoir que le Peuple des Etats
Unis ne permettrait jamais que les principes, pour lesquels les pères de la liberté Américaine avaient com-

battu en 1776, fussent écrasés en Canada en 1837. – Cette grande Assemblée & cette Adresse ferme & assurée, furent le signal pour le gouvernement de développer sa conspiration, si longuement tramée, contre les libertés des Colonistes; de pousser le peuple à la résistance, imitant la barbare conduite de Lord Castlereach à l'égard de l'Irlande en 1798, afin de pouvoir plus aisément détruire tout opposition, & *"Poloniser la Province"*.

Après cette assemblée papa se rendit à St Hyacinthe; & le lendemain matin, mon oncle Robitaille & moi nous nous rendimes pour diner à St Denis. Il neigeait, grèlait, pleuvait, ventait, & le cheval avait de la peine à marcher. Nous arrivames tout mouillés & gelés, & primes le parti de coucher là. Nous allames rendre visite au Dr. Nelson, peut-être pour ne plus le revoir! Nous nous arrêtames en passant pour saluer le Monument du Patriote Marcoux. Les vandales devaient bientôt venir, & la tombe des morts disparaitre!!! On lisait sur le marbre: *"A la Mémoire du Patriote Louis Marcoux, tué pendant l'Election à Sorel en 1834, les Citoyens de la Rivière Chambly. Ses dernières paroles furent: Vive la Patrie!"*

Jeudi, le 26, nous allames diner à Contrecoeur chez mon oncle Xavier Mailhiot, & coucher à Verchères chez mon oncle le curé Bruneau. Vendredi nous passames la journée à V., et en profitames pour aller voir ma tante Park. Samedi nous dinames à Montréal.

A présent, il fallait se préparer pour l'Assemblée Générale des Fils de la Liberté, qui devait avoir lieu le 6 de Novembre. Les Journaux tories nous déclarèrent que si nous *osions* nous réunir, ils sauraient nous écraser, &ca. Nous ne fimes pas grand cas de leurs rodomontades, mais primes nos précautions, connaissant le *caractère "loyaliste"*. En fondant la Société, l'on avait décidé que le 1er lundi de chaque mois il y aurait une Assemblée Générale de l'Association: nous n'étions pas prêts à renverser nos règlemens, pour plaire au caprice des tories, ou de qui que ce soit. – Dans le même temps, le Conseil Exécutif siègea à Qué-

bec pendant plusieurs jours. A la fin de ses délibéra-
tions, Lord Gosford ordonna au Procureur Général de
se rendre *au plutôt* à Montréal, *"pour prendre les
moyens de conserver la paix dans ce District"*. Ce
fonctionnaire y arriva, je crois, vendredi le 3 Nov. Il se
consulta probablement avec les Magistrats, & ceux-ci
publièrent une "Proclamation," *"défendant* à tout parti.
ou société politique de se réunir le lundi suivant, & de
parcourir les rues en procession, *parce que des affidavits filés par devant eux, les portaient à croire* qu'il
s'en suiverait des rixes & conflits si ces réunions
avaient lieu."

5 Novembre – Le Dimanche, 5, en sortant de chez
nous le matin, je vis une de ces proclamations sur notre porte de cour: ne désirant pas laisser salir cette
porte, j'arrachai l'affiche. Dans l'après midi Mrs. John
Donégani & Théophile Dufort, deux magistrats, vinrent
me trouver, & me dirent que nous ferions bien de ne
point nous assembler. Que nous ignorions quelles en
pourraient être les conséquences. Que le *"Doric Club"*
nous attaquerait, qu'il s'en suivrait une émeute, que
les troupes seraient appellées, & que nous verrions un
second 21 Mai, &ca. Je leur répondis que je n'avais pas
de difficulté à croire que ce fût le désir de la Magistrature de voir un second *21 Mai,* & qu'en effet leurs démarches semblaient le préparer. Mais que la crainte
ne nous ferait jamais manquer à notre devoir & à notre
honneur. Que les Magistrats & le *Doric Club* n'avaient
pas plus de droit que le Gouverneur de défendre au
Peuple de se réunir en assemblés publiques. Que par
nos règles, nous devions nous réunir le lendemain, &
que nous le ferions, sans nous occuper des conséquences. Qu'au reste nous avions pris nos précautions, &
que tant qu'il nous en resterait la force, nous tâche-
rions de conserver nos droits de citoyens anglais. –
Ils me demandèrent ensuite si je savais où ils pouraient
rencontrer les Officiers de la société. – Je leur dis
que non. Que je savais seulement que le "Comité de
Régie" se réunissait ce soir même; mais que j'ignorais où, & à quelle heure. Que d'ailleurs, nous nous

réunirions le lendemain en vertu d'une règle fixe &
fondamentale, qu'il n'était pas au pouvoir du Comité de
changer. Là dessus ils se retirèrent – D'après ce
qu'ils me dirent il parait qu'ils étaient députés par la
Magistrature, & que d'autres messieurs avaient été
envoyés pareillement au *Doric Club*. Je crois que Mrs.
Donegani & Dufort agissaient de bonne foi, mais ils
étaient dupés par cette Magistrature corrompue & sanguinaire, composée en grande majorité des plus violens tories, qui avait causé les assassinats de 1832,
& qui voulait les répéter. Elle cherchait à se couvrir
du manteau de la justice & de la candeur, tandis qu'elle
tramait ses plans, & se préparait à nous égorger.

6 Novembre – Le lendemain matin les rues étaient
tapissées d'affiches, conçues en ces termes, ou à peu
près: "Que les Loyaux Habitans de Montréal se rendent
à midi & demi sur la Place d'Armes,. aujourd'hui,
6 Novembre 1837, pour étouffer la rebellion au berceau
(in the bud)". – Afin d'écarter autant qu'il était consis-
tent avec notre honneur, tout ce qui pourrait aigrir nos
ennemis, le "Comité de Régie" avait décidé que nous
ne porterions point de drapeaux, ni de musique, & que
nous nous renderions à l'assemblée, avec le moins de
pompe et de bruit que possible.

Vers 1 heure P.M., les Membres se rendirent dans
leurs sections respectives. Vers 2 heures, les Sections se rendirent une à une au lieu de l'assemblée,
marchant en rangs, deux de front, & en silence. Chaque
membre portait à la main une canne ou un bâton, &
sous ses habits, un coutelas, poignard, ou pistolets, &
ammunition. Quant à moi, j'avais l'uniforme que je porte encore, habit de chasse d'étoffe grise du pays; mes
poches pleines de cartouches, un pistolet d'arçon caché,
& à la main une canne à épée de ma propre fabrique
(1). L'assemblée se tint dans la cour d'une auberge oc-
cupée par Joseph Bonacina, & appartenant à Edouard E.
Rodier, M.P.P., située près du *Marché à foin*. On en-

---

(1) "Manufacture domestique" que je m'étais faite avec un vieux
fleuret.

trait dans la maison par la *Rue Notre-Dame*, & dans
la cour par la *Rue du Sang*, anciennement *Rue St Jacques*. La porte de la cour s'ouvrait presque vis à vis
l'Eglise Américaine. Il y avait à cette assemblée environ 1500 personnes. Beaucoup de membres, ouvriers
& gens de métier, ne purent laisser leurs boutiques
pour venir à l'assemblée: qui néanmoins, comme on
le voit, fut nombreuse. On adopta une série de résolutions fortes & énergiques, & l'on prononça plusieurs
discours. Les orateurs, parmi lesquels on distinguait
E.B. O'Callaghan, M.P.P., E.E. Rodier, M.P.P., T.S.
Brown, Amury Girod, André Ouimet, Président de l'Association, &ca., s'adressaient au peuple d'une croisée
donnant sur la cour. Nos ennemis qui devaient se réunir sur la *Place d'Armes* à midi & demi, avaient probablement donné contre-ordre en secret; car à cette heure
il n'y avait personne sur la Place. Quoiqu'il en soit,
vers 3 heures l'on entendit des cris dans la *Rue du Sang,*
d'où l'on nous jetta des pierres, ainsi que de la cour
voisine de celle où nous étions; l'on frappait souvent à
la porte qui était fermée, en nous menaçant & nous
insultant. Nous n'y fimes aucune attention, & continuames nos procédés. Ils envoyèrent même des espions,
qui entrèrent par l'auberge, pour connaître nos forces.
Ayant été apperçus, l'assemblée en fut informée &
"ces êtres vils & méprisables" (comme les apostropha Girod) se retirèrent aussitôt. — Vers 4 heures,
l'assemblée terminée, nous nous préparames à sortir.
Nous primes nos rangs, & la porte de cour s'ouvrit.
Les tories, qui étaient là, retraitèrent à notre aspect
jusqu'au *"Tattersall"* (2), & s'arrêtèrent, barrant la
rue. Preuve que nous ne cherchions point à faire du
train, c'est que les 4e & 5e Sections tournèrent à gauche, & se retirèrent dans leurs quartiers (les faubourgs
St Antoine, St Joseph, & Ste Anne). Les autres se mirent
en marche du côté de la *Place d'Armes,* & les tories
commencèrent à les accabler d'une grêle de pierres.

---

(2) Marché où l'on vend des voitures, des chevaux, & des vaches, & où
les "loyaux" tiennent leurs assemblées à Montréal.

Nous n'avions point de pierres, & par conséquent ne pouvions leur répondre que de près; et c'est ce que nous voulumes faire, en précipitant notre marche, mais en bon ordre. Les lâches ne nous attendirent pas long-temps & avant que nous pussions les atteindre, ils étaient rendus près de la maison du Dr. Robertson (un des meurtriers du 21 Mai). Nous occupions à présent leur position près du *Tattersall.* La 2e Section sous les ordres de son Chef, Gauvin, enfila à droite une petite rue qui se trouve au coin du *Tattersall,* pour tourner ensuite à gauche dans la *Rue Notre-Dame,* afin d'empêcher l'ennemi de nous renfermer; & pour revenir dans la *Rue du Sang* par la *Place d'Armes,* prendre les tories en queue, s'ils avaient assez de courage pour faire face au 1e, 3e, & 6e Sections. Celles-ci se remirent bientot en mouvement, & lorsqu'elles furent à portée, les "loyaux" recommencèrent à jeter des pierres, en si grande quantité que nous avions de la peine à les éviter, & que plusieurs de nos gens en furent blessés. Cela ne nous empêcha pas de courir de toutes nos forces à leur rencontre. Mais comme nous arrivions sur eux, ils nous tournèrent le dos, & les vaillants chevaliers du *Doric Club,* qui nous défiaient depuis 15 jours, ne s'arrêtèrent cette fois que lorsqu'ils furent entrés pêle mêle dans les magasins et les maisons situés sur la *Place d'Armes.* Nous poursuivimes quelques fuyards dans la petite *Rue St Jacques,* & fimes halte devant la demeure de L.H. Lafontaine, M.P.P., au haut de la *Rue St Lambert.* — Il s'en est peu fallu que le sang Canadien versé en 1832 ne fût vengé en 1837, à l'endroit même où il coula. Mais les "loyaux" ne sont braves qu'à couvert des habits rouges. — Dans le même temps, la 2e section s'était avancée dans la *Rue Notre-Dame,* & avait rencontré un autre parti d'ennemis, qui montrèrent un peu plus de courage que ceux que nous avions eu à combattre. Ils résistèrent, se battirent corps à corps, & tinrent fermes. Plusieurs furent blessés grièvement de part et d'autre. Mais les "loyaux" ne purent arrêter le torrent, & furent bientôt balayés par la première Section sous le rapport de la discipline; & qui se voyant mai-

tresse du champ de bataille, & plus d'ennemis à combattre, se dispersa. – Dans l'intervalle, je parcourus
avec un ami (3) la *Rue Notre-Dame* jusquà *l'Eglise Paroissiale,* & revins à la *Rue St Lambert* sans être mo-
lesté: je remarquai seulement que tous les magasins &
les boutiques se fermaient. A mon retour je vis que la
plupart des Fils de La Liberté étaient dispersés, &
qu'il n'y avait pas 50 personnes au coin de Mr. Lafontaine. Nous restames encore quelques minutes, & étant
avertis que les tories revenaient en grand nombre,
suivis des troupes, nous vimes qu'il était inutile de rester à moins de vouloir être fusillé, & nous commençames à descendre la *Rue St Lambert* au petit pas, nous
arrêtant souvent. Comme nous entrions dans la *Grande
Rue* du faubourg St Laurent, les tories parurent au coin
de Mr. Lafontaine, & commencèrent à descendre la Rue
à la course. Résister avec la poignée de monde que nous
avions, eut été parfaite folie. En conséquence nos gens
reçurent ordre de se débander: ce qu'ils firent avant
d'être atteints par les tories, à l'exception de quelques
trainards qui furent battus de la manière la plus lâche,
lorsqu'ils n'avaient pas les moyens de se défendre, &
demandaient quartier. J'enfilai dans une rue de traverse,
& me rendis ensuite chez nous par la *Rue St Denis.* Il
n'y avait pas longtemps que j'étais arrivé, je racontais
ces évenemens, & croyais tout terminé, lorsque des
troupes passèrent devant la maison, avec deux pièces
d'artillerie, & dans le plus grand désordre, courant,
criant, & *applaudissant.* On eut dit qu'elles allaient à
une fête! Elles se hâtaient de peur que leur proie ne
leur échappât! Si nous étions restés quelques minutes de
plus, le sang coulait!!

Mon cousin Dessaulles & le domestique sortirent pour
aller voir ce qui se passait. Plusieurs amis vinrent
conseiller à papa de laisser la maison avec la famille,
parce que les tories parlaient déjà de venir la démolir.
Papa n'en voulut rien faire. – Il parait que les tories

---

(3) Il me semble que cet ami était le pauvre Duquette, martyrisé
depuis.

qui nous avaient poursuivi dans le faubourg St Laurent, se rendirent à la maison, dans le faubourg St Louis, où se réunissait ordinairement la 2e Section, dont le Chef, Dr. Gauvin, occupait l'étage supérieur. Lorsque les tories y arrivèrent, il n'y avait personne dans la maison, le Dr. était allé panser des blessés. Ils brisèrent la porte qui etait fermée à la clé, ainsi que toutes les fenêtres. Ils entrèrent & enlevèrent tout ce qu'ils purent trouver. Ils volèrent un superbe étendard appartenant à la Section, & un fusil simple, un à deux coups, & un *à 7 coups,* avec un sabre, le tout au Dr. & les remirent, dit-on, aux autorités. *Pendant tout cela, un corps de troupes les regardait faire, à quelques pas! –* De là ils se dirigèrent vers la demeure *"de la cause de tous ces maux."* (4) J'étais monté à ma chambre & me désarmais, lorsque j'entendis les hurlemens & les vociférations de ces monstres. Il faut entendre ces *cris de loyauté* pour s'en faire une idée. Je regardai à la fenêtre, je les vis brandissant leurs bâtons, & menaçant de *tout détruire!* Il n'y avait dans la maison que Papa, Maman, un petit frère, une soeur, moi, & deux servantes. Je descendis aussitôt, & nous fermames les volets, & la porte qui communiquait entre la bibliothèque & le reste de la maison. Pendant cela les tories avaient concentré leurs forces, & commencèrent à briser. Les uns criaient: *"Pull down the house! Pull down the house!!"* tandis que d'autres disaient: *"no, no! Let us go! Let us go!!"* Papa conservait le plus grand sang froid, ne disait rien, & marchait long-large dans la salle à manger. Quant à moi, j'étais au désespoir. A chaque coup de pierre ou de bâton, je croyais voir ces tigres, cette populace furieuse, se précipiter dans la maison! Et les conséquences... Oh! ciel! quand j'y pense j'en frémis encore!... Maman, les filles & les enfans, étaient dans la cuisine, en pleurs & en prières. J'allais continuellement de la salle à la cuisine, de la cuisine à la salle. Chaque coup me perçait le coeur. Il faut se

---

(4) Selon "Le soi disant, "Populaire".

trouver en pareil cas, pour comprendre les sensations que l'on éprouve: attenter de les décrire est impossible. Si j'eux été seul!... Je ne pensais pas à moi... Mais cette souffrance, ce cauchemar, pour ainsi dire, ne m'otait pas le courage. Oh! non! il le redoublait! J'avais mon épée en main, & les monstres auraient passé sur mon corps avant de toucher à un autre de la famille. – Grâce au ciel! ils ne se portèrent pas aux dernières extrémités. Après plus de 10 minutes de souffrances inexprimables, j'eus la satisfaction de les voir disparaitre. Le *Col. Wetherall* dit les avoir dispersé, & *avoir préservé la maison. La fausseté, à ma propre connaissance, de quelques autres de ses assertions,* me porte à douter de celle-ci. Ce que je sais, c'est qu'au lieu de *demeurer tranquille* avec ses troupes sur le *Champ de Mars, qui n'est pas à 2 arpens de chez nous,* & d'où *il entendait leurs hurlemens,* il pouvait venir, & arriver à la maison avant qu'une vitre ait été cassée; parce que les tories vociférèrent pendant 5 minutes *avant de briser,* & furent plus de 5 minutes *à briser.* En supposant son assertion vraie, il ne serait toujours venu qu'après plus de 10 minutes, & il n'en fallait pas 5 pour s'y transporter du *Champ de Mars.*

De chez nous les furieux se rendirent à l'imprimerie du *Vindicator.* Et comme ce qu'ils venaient de faire n'était que le prélude, n'était que pour monter l'esprit & le *courage* de leurs gens, & qu'il fallait détruire entièrement la Presse Libérale, ils se munirent de haches, & autres instruments, plus *actifs* que des pierres & bâtons. L'office du *Vindicator* était située dans la petite *Rue Ste Thérèse,* qui se trouve entre les *Rues Notre-Dame & St Paul,* & aboutit à la *Rue St Vincent.* Lorsque les tories y arrivèrent, Mr. Louis Perrault, Propriétaire du Journal, venait de laisser la maison avec sa famille. Les furieux brisèrent les contrevents & portes de fer, & se firent jour dans l'imprimerie. Ils enfoncèrent les bureaux & les armoires, & jettèrent tout ce qu'ils purent y trouver, avec les presses, papiers & caractères, dans la rue. "Il y avait là plusieurs magistrats. On demanda leur protection, *& ils la refusèrent.*

Le journal était libéral, & comme vous le savez, il n'entre pas dans leur code de moralité "loyale" de protéger les propriétés des libéraux." (lettre d'un monsieur anglais, témoin oculaire). Si je ne me trompe, c'est Mr. Henri Desrivières, magistrat, qui se transporta au Corps de garde du *Marché Neuf*, & demanda au Capitaine du poste de se rendre à l'imprimerie afin de la protéger. Aussitôt 6 soldats s'offrirent d'eux-même pour y aller. L'officier les en reprit, & dit au magistrat d'aller demander au Colonel. Et où le trouver ce Colonel?... Les tories auraient eu auparavant le temps de détruire vingt imprimeries! – C'est un fait constant, connu de tout Montréal, & *avoué par les autorités elles-mêmes,* que pendant une heure que durèrent ces bris de maisons & autres déprédations, il y avait des troupes *stationnées* sur le *Champ de Mars,* la *Place St Jacques,* & ailleurs, & des piquets parcourant les rues. Ces piquets parcouraient *toutes* les rues, *excepté celles où la populace travaillait à son oeuvre dévastatrice.* Mes cousins, Mr. De la Grave & Dessaulles, sur le *Champ de Mars,* firent remarquer à un officier les cris des tories, pendant qu'ils étaient au *Vindicator,* & l'officier pouvait les entendre sans qu'on le lui fît remarquer, pour peu qu'il eut les oreilles percées comme le reste des hommes. Devinez quelle fut sa réponse? *"Cela ne me regarde pas"!!* Pourquoi donc était-il sur le *Champ de Mars?* Je le dirai, sans crainte de me tromper. Les troupes étaient là, toutes prêtes, avec des bayonnettes, du plomb, & de la mitraille, *pour protéger...? les destructeurs, & massacrer le Peuple s'il était venu chasser les brigands!!!* Cela est évident, palpable, & je ne m'arrêterai pas davantage à le prouver. Je n'ai jamais rien vu d'aussi dégoutant, que la conduite des autorités civiles & militaires en cette occasion. Revenons à la narration. Lorsque les tories se furent retirés, nos amis vinrent en foule à la maison. Nous éxaminames le dégât, & trouvames qu'au rez de chaussée, qu'occupait la bibliothèque, il ne restait ni vitres, ni chassis, ni jalousies. On boucha pour la nuit les ouvertures avec des contrevents & des planches, & l'on plaça dans la maison une garde de Fils de la Liberté, bien armés. L'on nous apporta dans le même temps la nouvelle que T. S. Brown avait été tué; mais bientôt l'on apprit qu'il n'était que grièvement blessé. Voici comme cela se passa. Après le combat terminé, Mr. Brown s'en retournait chez lui tranquillement, lorsqu'il rencontra dans la *Rue St François Xavier* quelques membres du *Doric Club,* qui le laissèrent passer. Après quoi ils revinrent en traitres l'assaillir par derrière. Du premier coup il tomba sans connaissance à leurs pieds. Ils n'en continuèrent pas moins de le frapper avec de gros bâtons massifs; & l'auraient infailliblement tué si quelques tories moins féroces n'étaient venu l'arracher de leurs mains, & le transporter dans une maison voisine. C'est ainsi que les "loyaux" sont braves, lorsqu'ils sont 10 contre 1, ou qu'ils ont à leur queue, & le plus souvent à leur tête, "les troupes de sa Majesté".

Le soir, maman, les enfans, & les domestiques, allèrent coucher chez des amis: papa et moi nous restames avec les gardes. De suite, le Procureur-Général, le Sollioiteur-Général, & le Col. Wetherall, écrivirent à Lord Gosford. Tous trois mentent, & tous trois se montrent violens partisans: mais le dernier renchérit sur les premiers. Il fait entendre qu'à notre assemblée l'on nous exhorta à la violence, que c'était le but de notre réunion, & que c'est à la suite de ces discours inflammatoires, qui nous avaient monté l'esrit, que nous sommes sortis *"avec des drapeaux, & avons commencé à attaquer les "loyaux sujets".* Qu'aussitôt ceux-ci se sont réunis *(turn out)* avec une promptitude & un enthousiasme extraordinaire, armés de bâtons, "de tisonniers", de tout ce qui leur tombait sous la main, & ont *bravement* repoussé leurs *assaillans.* "Brown & sa bande" ont bien payé leurs folies. *"J'ai eu beaucoup de peine à préserver* la maison de *Papineau* d'une entière destruction", &ca. Si ce ne sont pas ses propres paroles, s'en est certainement le sens, & certainement un tissu de mensonges. Et c'est cependant ce que Lord Gosford reçoit, & transmet aux Ministres, & ce que ceux-ci transmettent au Parlement

Impérial, & c'est ce qu'on appelle "pièces officielles &
authentiques", & c'est ce qu'on transmet souvent à la
postérité comme *"seuls documens dignes de foi"!!!* Il
parait aussi que le Colonel était *très pressé*, puisqu'il
ne peut se servir du mot Mr., devant les noms pro-
pres. Au reste, *personnellement, je n'y attache moi*
aucune importance: mais par *"les usages reçus"*,
comme l'on dit, le Colonel est un grossier. – Toute
la nuit des piquets d'infanterie & de cavalerie se pro-
menèrent dans les rues, afin je suppose, d'empêcher
"les rebelles de recommencer leurs attaques sur les
fidèles sujets de la Reine"!

6 Novembre

Le lendemain, comme nous avions été les "agres-
seurs" aux yeux des autorités, il fallait être puni. En
conséquence, plusieurs des Officiers de l'Association &
autres, furent arrêtés pour "sédition", & admis à caution. Ayant été mentionné par le *"Populaire"* comme
étant du nombre des combattans, je pensais que cet
honneur me vaudrait un warrant d'arrestation. Il n'en
fut cependant rien. Je suppose que les magistrats étaient
si occupés, qu'ils n'avaient pas de temps de reste pour
lire le "petit Journal". – Mercredi, mon oncle Théophile Bruneau conduisit à Verchères Gustave & Azélie.
Lorsque la nouvelle de ces violences se fût répandue
dans les campagnes, elle y créa une grande sensation;
& il est à regretter qu'elles aient conduit dans quelques
endroits, dans le Comté de l'Acadie surtout, à des actes
de rétaliation: qui sont loin néanmoins d'être compara-
bles aux violences loyalistes, & dont le blâme doit re-
tomber sur ceux qui avaient, par leur outrageante conduite, attiré sur leurs amis ces actes de représailles.
Ils ne consistèrent qu'en des charivaris, où quelques
vitres furent brisées. Admettons pour un instant qu'ils
aient été graves, ce que je nie: je dirai que les actes
d'une poignée d'individus, dans 2 ou 3 Comtés au plus,
actes qui furent blâmés par toute la Presse Libérale, ne
pouvaient jamais justifier la conduite infâme des tyrans
contre *tout* un Peuple, après en *avoir poussé* et *forcé*
une partie à une *juste* révolte.

Mais ce n'est pas cela. Ce que le gouvernement voulait avoir, c'était un prétexte, pour écraser & anéantir s'il le pouvait, ce parti libéral qui le tourmentait, parce qu'il lui demandait depuis 30 ans justice! Il avait cherché pendant cette longue période à l'amuser, à le jouer, & ne pas lui accorder de justes réformes, & le redressement de nombreux griefs, & aujourd'hui que ce Peuple, désespérant d'obtenir justice par des supplications & des prières, relève sa tête, gronde, & secoue ses chaines, en menaçant de les rompre si on ne les lui ote; ce gouvernement despotique & orgueilleux se croit insulté, se dit bravé, & veut prouver à ce Peuple, par la force physique & brutale de ses bayonnettes, qu'il doit courber le front, & laisser redoubler le poids de ses chaines! Oh! Orgueilleuse Bretagne! égoïste & despote, qui prétend tyranniser le Monde, & jouir seule des bienfaits de la Liberté!... Lorsque nous vimes que nos ennemis nous faisaient arrêter pour "sédition", & donnaient dans leurs journaux les plus faux rapports possibles des évènemens du 6, nous commençames à prendre des dépositions, qui eussent été bientôt rendues publiques si les évènemens subséquens ne nous en eussent empêché; & je ne crains pas de dire, au meilleur de ma connaissance & croyance, que de nombreux affidavits auraient prouvé la vérité de ma narration, & la fausseté, en grande partie, de celle du Colonel Wetherall & autres, sur les transactions de cette journée. – A peu près dans le même temps, une espèce d'inquisition secrète siègeait à Québec. Sur les bancs de ce tribunal se trouvait le rénégat politique Duval, Conseil de la Reine, & Thomas Ainsly Young, homme de la trempe des Weir, Armour, Adam Tom & Cie, violent partisan des Dalhousie & Aylmer, & magistrat. Le but de ses séances fut bientôt connu, par l'arrestation de *A. Norbert Morin*, M.P.P., Chs. Hunter, Editeur du *Libéral* (Anglais), Pierre Chasseur, un des Directeurs du Journal, – Trudeau, ditto, pour "sédition". Un warrant était aussi lancé contre R.S.M. Bouchette, Editeur du *Libéral* (Français), mais qui parvint à s'évader, & à se rendre dans le Comté de Richelieu. Ceci interrompit la publication du Journal. Ces Messieurs après être demeurés quelques jours en prison, furent libérés sous caution. Leur crime était d'avoir assisté à une assemblée publique, ou du Comité Central de Québec! En même temps que ceci se passait dans la Capitale, Lord Gosford, à l'instigation du Procureur-Général & des Magistrats, & du consentement du Conseil Exécutif, faisait sortir une nouvelle commission de la paix pour le District de Montréal. "Cette commission était de nature à créer beaucoup d'alarme. Tous les hommes de la plus modérée & même passive libéralité y virent leurs noms rayés". Ex: Mrs. Donegami, Dufort, &ca." S'ils eussent été de chauds politiques, cela n'aurait pas surpris, mais beaucoup d'entr'eux étaient des hommes qui n'avaient pris aucune part aux assemblées publiques qui agitèrent le pays pendant l'été. L'on peut concevoir l'effet que cela dût produire, joint aux arrestations à Québec, sur l'esprit des libéraux! Ils n'y virent que des préparatifs d'hostilités contre eux. Le Procureur-Général, Ogden, était depuis quelque temps à Montréal, & il a la réputation d'une facilité toute particulière pour enfanter des accusations. Tant qu'il restait des magistrats libéraux, il y avait quelque chance d'être arraché aux horreurs du cachot, en étant admis à caution; le caractère de la nouvelle commission détruisait cette espérance. Les libéraux ne voyaient devant eux que persécution & injustice".

Depuis l'Assemblée du 6, tout le monde conseillait à Papa de laisser la ville, mais il ne voulait pas y consentir. Les derniers actes de l'éxécutif firent redoubler ces instances. La maison était pleine du matin au soir de nos parents & amis, qui venaient en foule le prier & le presser de partir. Il ne voulait point céder. Et ce ne fut qu'au bout d'une semaine que nous pumes le persuader de le faire.

13 Novembre

— Lundi le 13, il sortit dans l'après-midi, & de retour vers trois heures, il déclara à maman, mon cousin Dessaulles, & moi, qu'à 5 heures il partirait, sans nous dire comment & pour où aller. Cette détermination nous combla de joie. Il fit ses préparatifs à la hâte, & vers 4 heures monta au 2e étage, avec ordre de dire qu'il était absent à ceux qui viendraient le demander. A 5 heures il nous fit ses adieux, bien tristes adieux, & déguisé ainsi que Dessaulles, ils voulurent sortir. Au moment où ils allaient ouvrir la porte, quelqu'un y frappa. Ils remontèrent, se cachèrent dans le salon, & lorsqu'on eut dépêché l'importun, ils descendirent de nouveau, & cette fois purent sortir. Mon coeur palpitait au point que j'avais de la peine à respirer. J'ouvris une fenêtre, & à travers la jalousie je prêtai une oreille attentive. Les rues étaient pleines de passans & de voitures, & la nuit très obscure. Chaque cri, chaque murmure, me faisait frisonner. Je croyais à chaque instant qu'ils seraient reconnus & saisis! Nous demeurames dans la plus cruelle incertitude pendant ¼ d'heure; quart d'heure qui nous parut bien long. A la fin, le retour de Dessaulles nous consola. Papa était parti! — Maman, qui malgré les instances de papa était demeuré ferme dans sa résolution de ne laisser la ville qu'après lui, se détermina à présent à partir le lendemain matin pour Verchères, & alla coucher chez mon oncle D.B. Viger.

Depuis l'affaire du 6 nous avions continué tous les soirs à garder la maison, comme l'on craignait de nouvelles attaques. Voici comme nous fesions. Les femmes laissaient de bonne heure, & vers 6 ou 7 heures arrivait une quinzaine de Fils de la Liberté. Vers 9 heures nous fermions toutes les portes, & les barricadions. Nous placions alors une 20taine de fusils, avec des pistolets, poignards, épées, haches, ammunition, & cartouches, dans la salle à manger, qui servait de *quartier-général*. Nous postions des sentinelles dans les appartemens qui donnent sur la rue, & nous les relevions toutes les demi-heures. Le reste de la *garnison* s'amusait à converser, lire les journaux, jouer aux cartes, & fumer, dans la cuisine & la salle à manger. Nous nous tenions ainsi sur nos gardes jusque vers minuit, & alors nous prenions quelque vivres pour nous soutenir. Après quoi nous étendions sur le plancher des matelas, sur lesquels, ou sur des sofas, le plus grand nombre des gardes se couchaient tout habillés jusqu'au jour. C'était une vie de camp, & toute militaire. Le soir du départ de Papa mes amis vinrent comme à l'ordinaire. Ils me demandèrent où il était. Je leur dis que de l'avis de mes amis, il croyait plus prudent de ne pas coucher chez lui.

14 Novembre

– Le 14, à 6h. du matin, je me rendis chez Mr. Mr. Viger, pour voir maman avant son départ. Elle me donna les clés, de bons conseils, & carte blanche. A 7 heures elle partit pour Verchères avec Dessaulles. Pendant la journée je faisais dire à ceux qui demandaient papa ou maman, qu'ils étaient sortis.

Le 15 je fus très occupé. Depuis plusieurs jours, nous fesions enlever de la maison les objets les plus précieux, & les plus portatifs. Mais ne voulant point que cela fût connu du public, nous ne le fesions que de nuit, & *en détail*. Me voyant seul, ne ne crus pas devoir être aussi circonspect, & je surveillai le déménagement, même en plein jour, quoiqu'avec précautions. Le 15 & le 16, aidé de Marguerite, vielle servante de confiance fort attachée à la famille, je réussis à faire enlever une grande partie du mobilier, à l'exception de quelques gros meubles & d'autres de peu de valeur. J'aurais voulu commencer par la bibliothèque. Malheureusement je n'avais pas de boîtes, & et il en fallait. Je donnai des ordres pour qu'on en fît.

– Jeudi le 16 Novembre, j'allai dans l'après-midi avec un armurier, Paul Martin, acheter un fusil de chasse. Cet homme, Fils de la Liberté, avait perdu dernièrement l'emploi lucratif "d'armurier de Sa Majesté" sur l'Ile Ste Hélène, *parce qu'il était Patriote*. Il occupait cette place depuis 10 ans, & est un excellent ouvrier. Il me procura un bon fusil pour $9. – De retour à la maison voyant qu'il ne restait que peu de choses à enlever, je crus qu'il ne valait pas la peine d'y entretenir une garde. Je la fermai & j'allai coucher chez Mr. Côme S. Cherrier. Mon intention était de loger chez des parens pendant quelques jours, compléter le déménagement par le transport de la bibliothèque en lieu sûr, & ensuite me retirer à la campagne. Chez Mr. Cherrier je n'eus pas le plaisir de voir mon ami Coursolles, son beau-fils, parce qu'il était allé à la Montagne, chez son oncle Mr. F. Auguste Quesnel; & je me couchai de bonne heure, accablé de lassitude. Je ne me doutais pas de ce qui allait se passer pendant mon sommeil. La *Conspiration & la trahison* du gouvernement éclatait – véritable *coup d'état* qu'un Despotisme seul pouvait concevoir.

17 Novembre
   – A mon réveil, des compatriotes, des amis, des frères, se trouvaient dans les fers & les cachots! Une quantité de warrants pour *"haute-trahison"* avaient été signés, & pendant la nuit plusieurs Fils de la Liberté avaient été arrêtés; entr'autres: André Ouimet, Président, Georges de Boucherville, Secrétaire Correspondant, Dr. Amable Simard, Chef de la 1° Section, François Tavernier, Chef de la 4e, Charles A. Leblanc, Membre de la 1e, &ca. La nuit précédente, Beaudriau, Desrivières, Gauvin, avaient passé la nuit chez nous. En sorte qu'il ne s'en est fallu que d'une nuit que nous fussions aussi jettés sous les verroux. – Ignorant ces évenemens je me rendis à 6 heures du matin, vendredi le 17, à la maison, pour continuer le déménagement. J'allai ensuite chez un armurier, Hall, Rue St Paul, vis à vis *l'Hotel Rasco*, pour acheter une boite de capsules pour mon fusil. Je ne faisais que de rentrer à la maison, lorsque mes oncles Théophile & Philippe Bruneau & Joseph Robitaille y arrivèrent en hâte, pour me prévenir que nombre de personnes avaient été emprisonnées, & que je le serais pareillement si je ne me hâtais de laisser la ville. Je leur donnai toutes les clés & le soin de la maison, leur recommandant surtout de faire enlever la bibliothèque. Je me rendis chez Mr. Cherrier,

& déjeunai. Marguerite alla faire quelques emplettes, & lorsqu'elle revint elle me dit que les arrestations avaient commencé vers 6 heures la veille; que des baillis s'étant rendus à une maison pour y arrêter un Fils de la Liberté, & ne le trouvant pas, dirent qu'ils allaient prendre "le fils de Mr. Papineau", & qu'en effet, ils se dirigèrent vers notre demeure. Si ce rapport est vrai, ils y seraient venu peu de temps après mon départ! Elle dit aussi qu'un détachement de troupes était placé à la traverse de Longueil, *au pied du Courant.* – Ce ne fut que vers 10 heures que je pus partir avec elle, en calèche, avec mon fusil, & un petit paquet de hardes. En conséquence du rapport de Marguerite, je résolus d'éviter la traverse au Faubourg de Québec, & d'aller traverser plus bas. De chez Mr Cherrier, qui demeure vers le milieu de la Rue St Denis, je me rendis jusqu'à l'Evêché, au coin duquel je tournai à droite dans la Rue Ste Catherine, qui me conduisit en ligne directe au Chemin Papineau. Comme il n'y a presque pas de maisons dans la Rue Ste Catherine, nous ne fumes pas observés. Je suivis le Chemin Papineau, qui du Faubourg de Québec conduit dans l'intérieur de l'Ile. Mon objet était de prendre la route qui conduit au Sault au Récollet, & et de la laisser, là où j'en trouverais une autre qui me conduirait à la Pointe aux Trembles. – Le temps était serein, mais froid, & il était tombé pendant la nuit assez de neige pour blanchir la terre. N'y ayant jamais passé qu'une fois, je ne connaissais nullement la route, & je fus bientôt écarté. J'enfilai un chemin, qui m'aurait après un long détour ramené à Montréal! Heureusement que je rencontrai un habitant avec un charge de foin, qui me remit sur la bonne route. Après bien des tours & détours, & avoir souvent demandé la route "qui menait au Sault", puis celle "qui menait à la Pointe aux Trembles", j'arrivai à cette dernière place vers 2 heures P.M., en même temps qu'un bateau à vapeur y passait, descendant à Québec, avec, je suppose, la nouvelle "officielle" au Gouverneur du résultat de ses ordres arbitraires. J'arrêtai chez François Malo, Aubergiste, que j'avais vu souvent au Comité Central. J'y trouvai son commis, un jeune Marc Campbell, Fils de la Liberté, qui assistait pareillement aux assemblées du Comité Central. Je le pris à part, & lui dis de ne pas me nommer. Je n'eus pas besoin d'entrer dans de longues explications car il en savait plus long que moi. Il me dit que Desrivières, Brown, Gauvin, & plusieurs autres, étaient passé dans la nuit, avaient traversé à l'Ile Ste Thérèse, & devaient être à Varennes. Malo les avait suivi, & Girod était parti pour le Comté des Deux Montagnes. Il m'assura à voix basse que le soir de son départ, Papa était passé avec le Dr. O'Callaghan à la Pointe aux Trembles, se rendant dans la Rivière Chambly. Je n'en avais pas encore eu de nouvelles, & je fus très satisfait de voir la direction qu'il avait prise, au lieu de se rendre au Nord. Campbell me dit que je pouvais traverser en canot: mais ne voulant pas laisser mon cheval & ma voiture, je me décidai à aller une lieue plus bas, où il m'assura que nous trouverions un bac; & il nous y accompagna lui-même. Rendus là, nous entrames dans une maison pour attendre le bac qui se trouvait sur l'Ile Ste Thérèse. Il fallut courir chez tous les voisins pour avoir un porte-voix. Il fut impossible d'en trouver. Alors il fallut s'époumoner à crier. Les gens battaient dans leur grange, & ne nous entendaient pas... Que faire?... "Avez-vous un aviron? Nous traverserons en canot, & irons chercher le bac". – "Nous n'en avons pas". – Avez-vous un fusil? Nous tâcherons de nous faire entendre par ses détonations". "Nous n'en avons pas"... Que faire?... Je songeais à mettre un mouchoir au bout d'une perche & à l'agiter en l'air, lorsqu'un individu qui était là, qui voyait que nous étions pressés, & que depuis plus d'une heure nous nous mettions à la torture pour nous faire entendre, s'avisa de nous dire avec une stupide indifférence: "Vous n'avez pas besoin d'appeler ce bac, il ne peut aller à l'eau, il n'a pas de fond". Je ne répondis pas à cet imbécile, car je n'aurais pu lui dire que de gros mots. Je demandai à Campbell combien il y avait de là au Bout de l'Ile? "Une demi-lieue". "J'y trouverai des bacs, mais voudront-

ils traverser à Varennes?" "Je crois que oui". "Pour
combien?" "Deux ou trois piastres!" Je ne les avais
pas. Mais çà ne fait rien; Il fallait faire quelque chose,
& le temps pressait. Le soleil commençait à décliner,
& je n'avais pas envie de passer cette nuit dans mon
île natale. C'est la première fois de ma vie, je crois,
que son séjour m'ait déplu: mais hélas!

"Dans ce monde tout change!"

Je fus bientôt rendu au Bout de l'Ile, & comme j'y arrivais, deux bacs y arrivaient aussi de Repentigny. Je
demandai aux traversiers s'ils pouvaient me conduire à
Varennes? "Non, Mr. nous n'avons pas coutume de traverser le fleuve". Et après un moment: "Eh! bien! attendez, on va voir". Ils entrèrent dans la maison pour
se consulter, & revinrent bientot me dire: "Oui, monsieur, on va vous traverser". Jamais réponse ne me fit
plus de plaisir. – "Combien demandez vous?" "Neuf
francs". – "Je ne puis vous les donner: je vous donnerai une belle piastre française, bon argent dur". C'est
tout ce que j'avais. "C'est impossible, monsieur, ce
n'est pas assez". Je ne répondis rien. Il ne fallait pas
marchander avec ces gens là, ils ne cèderaient rien.
Je risquai le tout pour le tout, & tournai ma voiture bien
lentement; & je repris la direction de la Pointe aux
Tremblés, mais au pas. J'étais à peine rendu à deux
arpens que j'entendis des cris. Je fis comme le pêcheur,
qui laisse au poisson le temps de gouter l'appas avant
de retirer la ligne. Les cris redoublèrent, & alors seulement je les entendis. Je retournai à la traverse, encore au pas, & embarquai le cheval, la voiture, & ce
qu'elle contenait, dans le bac. J'avais affecté de l'in-
souciance & paru "audessus de mes affaires", ils consentirent à me traverser pour ma piastre. Avis à ceux
qui peuvent se trouver en pareil cas: ce que je ne sou-
haite à personne. – Cette traverse fut très longue &
difficile, & dura une heure. Le silence le plus profond
n'était interrompu de temps à autre, que par les plaintes des traversiers, qui trouvaient la rémunération

beaucoup trop faible pour le travail. Mon esprit était
trop préoccupé pour que j'y prêtasse grande attention.
Il fallut passer au milieu d'un groupe d'ilettes, & rendus au coté sud de l'Ile Ste Thérèse, vis à vis le Cap St
Vincent, il fallut monter à la cordelle plus d'une demi-
lieue le long de cette ile, jusque vis à vis le Village de
Varennes, & ensuite traverser. Le soleil se couchait, &
il faisait froid, & très calme. Comme nous débarquions
le bateau à vapeur *le Varennes* abordait au quais. Craignant qu'il n'amenât des agens de police pour faire des
arrestations dans l'endroit, je ne voulus pas y arrêter,
malgré le désir que j'avais de voir le Dr. Duchesnois &
les réfugiés de Montréal. Notre pauvre cheval qui marchait depuis le matin sans boire ni manger, & sur des
chemins affreux, n'en pouvait plus, & au Cap St Vincent
il fallut s'arrêter un moment pour au moins le faire
boire. Nous n'allames que le pas jusqu'à Verchères, où
nous arrivames vers 8 heures.

J'y trouvai la famille dans l'inquiétude & l'alarme. Le
petit Gustave indisposé, au point que l'on craignait que
ce fût les fièvres. Le domestique de mon oncle le curé
se trouvait à Varennes lorsque j'y passai, & m'avait
reconnu, ainsi que plusieurs personnes de Montréal qui
étaient là. Il rapportait d'une manière vague, que l'on
disait à Varennes qu'un prisonnier avait été arraché
des mains des connétables par le peuple, à Longueil.
C'est tout ce que nous pumes apprendre alors. Depuis
j'ai eu des détails au long sur cette affaire: ils doivent
être corrects car je les tiens du Dr. Davignon lui-même.
Je crois devoir les insérer ici, afin de conserver l'ordre chronologique des évenemens.

Depuis samedi le 11 Novembre, il y avait à St Jean un
détachement d'infanterie régulière, de cavalerie volontaire, & de quelques Membres du Doric Club, "pour y
protéger la Douane de Sa Majesté", &ca. – Vers 3
heures du matin, vendredi le 17, le Dr. Davignon entendit frapper à la porte de sa maison, & croyant que l'on
venait le chercher pour des malades, il se hâta d'aller
ouvrir la porte. Il apperçut le nommé Malo, qu'il prit
pour une autre personne. – "Ah! comment vous portez-

vous, *Mr...?"* "Vous vous trompez", dit Malo, et il se nomma. Le Dr. recula de surprise lorsqu'il se vit face à face avec le premier employé de la police après le Grand Connétable. En même temps se montrèrent les figures de plusieurs cavaliers. – "Nous sommes fâchés de vous déranger, continua Malo, mais nous avons affaire à vous, & nous désirerions que vous veniez avec nous à *l'Hotel de Mott: nous ne vous retiendrons pas longtemps".* – "C'est bien; mais vous allez me donner le temps de m'habiller", & il voulut se diriger vers sa chambre à coucher. – "Attendez, Attendez, dit Malo, nous avons ordre de ne pas vous perdre de vue; il faut que nous vous suivions." "Eh! bien, entrez", dit le Docteur, & il se rendit à sa chambre suivi de toute la troupe. Lorsqu'il y fut entré, deux cavaliers se placèrent à chaque porte, avec sabre nu & pistolet au poing. Le reste, avec les mêmes précautions, l'entouraient & le pressaient. On eut dit qu'ils supposaient au Dr. la force d'un Samson, ou qu'ils se défiaient beaucoup de leurs propres forces, physiques & morales. Le roué de police lui fesait en même temps des excuses d'être obligé d'en agir ainsi, pendant qu'il examinait de près chacun de ses mouvemens, comme s'il eût craint que le Dr. ne cachât un poignard sous ses habits! Le Dr. s'habilla à la hâte, sortit, & se dirigea vers *l'Hotel de Mott,* suivi des employés de la police, qui se gardaient bien de remettre le sabre dans le fourreau, ou les pistolets à la ceinture! En arrivant à l'hôtel, le Dr. y trouva Mr. Pierre Paul Desmarais, Maitre de Poste, qui venait aussi d'être fait prisonnier. On leur déclara "que l'on craignait que les habitans ne cherchassent à les délivrer, & qu'on les prévenait que si c'était le cas, *on les tuerait plutôt que de les laisser échapper, selon les ordres qui avaient été reçus."* On leur mit les fers aux mains, on les fit asseoir sur du foin au fond d'une charette, on les lia avec des cordes aux aridelles de la voiture, & l'on se mit en route pour Montréal, Malo & un autre bailli sur le devant de la charette, qu'entouraient 27 hommes de la cavalerie volontaire. "Au lieu de se rendre tranquillement à Montréal par la route directe du chemin à lisse, afin de semer la terreur dans la campagne ils résolurent de les conduire par Chambly & Longueil, distance de 36 milles."

A un mile en deçà des Casernes, à Chambly, l'essieu de la charette ayant cassé, elle fut remplacée par une charette à foin. L'on arriva à ces casernes vers 6 heures du matin, et l'on s'y arrêta. Aussitôt les troupes en sortirent, *se rangèrent sous les armes, & en ayant reçu ordre, crièrent "hourra!" à plusieurs reprises!* La cavalerie entra aux Casernes & se rendit ensuite à *l'Hotel de Bunker, pour prendre je suppose de quoi soutenir leur courage.* Elle demeura plus d'½ heure à ces deux établissemens, & pendant tout ce temps les prisonniers furent laissés au froid, en plein air, dans leur gênante position, sous la garde de quelques dragons! Lorsque messieurs les cavaliers revinrent, ils transférèrent les prisonniers dans un waggon couvert, & à deux chevaux, & ne remirent pas les cordes qui les liaient à la charette, mais en place trois fusils chargés entre les mains des baillis, Malo répétant ce qu'il avait dit à St Jean, que s'ils étaient obligés de les abandonner, en conséquence d'une attaque des Patriotes, ils tireraient sur eux avant de partir! Après cela ils se remirent en route. – Comme ils prenaient le chemin de Longueil, un petit parti de Canadiens, une dizaine, se présenta armé de fusils. La cavalerie fit halte: mais comme les Canadiens se retirèrent & disparurent, le connétable Malo *ordonna aux gentlemen* de la Cavalerie Légère de continuer. *Ils obéirent.* – Il est probable que pendant qu'ils étaient à Chambly, les prisonniers furent aperçus par des Patriotes, & que des couriers prirent les devants pour aller donner l'alarme. Quoiqu'il en soit tout était en mouvement, & l'on voyait les habitans courir de tous côtés au travers des champs, & armés, les uns à pied, les autres à cheval. Le *Capitaine Bonaventure Viger* de Boucherville ayant appris ce qui se passait, alla prévenir le *Capitaine Joseph Vincent* de Longueil, qui rassembla aussitôt un parti d'habitans, & alla se placer avec eux à 2 miles du Village de Longueil, sur la route de Chambly, à un endroit appellé *la Côte de sable*. Il rangea ses hommes, 35 ou 36, derrière la clôture, & leur dit "de ne tuer personne à moins de nécessité: que leur objet n'était que de délivrer les prisonniers, & qu'en conséquence ils devaient chercher à tuer les chevaux afin de démonter les cavaliers, & rien de plus". Ceux-ci parurent vers 10 heures. Aussitôt le Capt. Vincent se plaça seul au milieu du chemin, & lorsqu'il put se faire entendre il leur cria d'arrêter. Ils s'arrêtèrent à quelques pas de lui. "Nous ne vous voulons point de mal, dit-il, mais nous exigeons la délivrance des prisonniers. Vous ne les conduirez pas à Montréal." La réponse fut: "Si vous ne vous rangez pas, nous allons tirer sur vous." – "Tirez si vous voulez, mes gens vous répondront; mais soyez certains que vous ne rendrez pas les prisonniers à Montréal." Et il leur demanda par trois fois d'abandonner les prisonniers. A chaque fois il reçut pour réponse de se ranger, ou qu'on allait le tuer. Après la 3ième sommation, 5 ou 6 lui déchargèrent leurs pistolets, à bout portant pour ainsi dire, & sans effet. Aussitôt les Canadiens firent feu. Les prisonniers en même temps s'étaient couchés tout au long au fond du waggon, afin d'être moins exposés. Il n'y avait eu que 2 ou 3 décharges d'échangées, lorsque la "Cavalerie *Légère*" prit la fuite, chacun se sauvant à qui mieux mieux à travers les champs. Mais ces lâches scélérats qui n'osaient pas faire face à des hommes armés, furent *assez braves* pour se tourner du côté des prisonniers, & leur décharger leurs pistolets avant de fuir! Heureusement que la toile qui les couvrait, & la précaution qu'ils avaient prise de se coucher dans le waggon, les sauvèrent. Le connétable Malo voyant la déroute des employés de la police, tourna les chevaux du côté de Chambly, & les mit à la course. Mais ils n'allèrent pas loin. Un des chevaux avait été blessé, & tomba bientot. La chûte entraîna le waggon dans le fossé. Malo sauta à terre & se mit à courir. Le fossé était profond, & le waggon se trouva sens dessus dessous. Les prisonniers, les mains liées, & l'un sous l'autre, & tous deux sous la voiture, eurent bien de la peine à s'en retirer. Les Ca-

nadiens vinrent à leur aide, les conduisirent chez un
forgeron qui brisa leurs fers, & on leur donna ensuite à
manger. La couverture du waggon était criblée de balles! Leur délivrance fut vraiment miraculeuse. — "La
police à cheval", qui eut plus de peur que de mal,
n'ayant eu que quelques chevaux tués & hommes blessés,
ne s'arrêta qu'à Longueil, où elle trouva un détachement d'infanterie qui était traversé pour la soutenir.
C'était le même parti dont j'ai parlé plus haut, dont la
présence à la traverse me fit faire ce long détour dans
l'Ile de Montréal. Cette délivrance s'effectua vers 10
heures, à peu près au moment où moi-même je laissais
la ville. *"The United Service Gazette"* de Londres,
journal, je crois, *officiel,* a bien pu publier & chercher à
faire croire, que la cavalerie fut défaite dans "un défilé", où n'ayant que des pistolets & sabres, & point de
"carbines", elle était obligée d'essuyer le feu "des
rebelles sans pouvoir y répondre": mais quiconque demeure en Canada sait bien qu'il n'y a pas de *"défilé"* à
Longueil, à la Côte de Sable, & qu'ils étaient en raze
campagne, & que s'ils avaient été autre chose que des
lâches, ils pouvaient, 27 dragons, défaire & sabrer en
sautant une clôture de 2 ou 3 pieds, 36 fantassins *sans
bayonnettes.*

Retournons à Verchères.

18 Novembre

— La fatigue, l'inquiétude, la faim & le froid, m'a-
vaient donné un fort accès de fièvre, & je me couchai de
bonne heure. Le lendemain, 18, on me réveilla de grand
matin, & il fut décidé que je partirais immédiatement
pour St Hyacinthe. A 6 heures je montai en voiture, seul
Marguerite qui se proposait d'y aller aussi se trouvant
malade. Je dis adieu à mémé, mon oncle le curé, maman, Gustave, Azélie, & je m'éloignai. Je ne les ai pas
revu depuis. — Le temps était serein & froid, la terre
encore blanchie par la neige. Je n'avais pas de fouet, de
temps en temps je coupais une petite branche d'arbre
que j'employais pour substitut. A St Marc comme j'allais les hommes, un jeune Racicot de Montréal, Fils de

la Liberté, s'adonna à sortir d'une maison. Il se rendait
en ville, ne connaissant rien de ce qui s'était passé. Je
l'appellai, lui parlai à l'oreille, lui dit ce qui en était, &
de ne point me nommer. Plusieurs habitans nous entouraient & voyant notre air mystérieux, ils dirent: "Oh!...
vous n'avez pas besoin de craindre, monsieur; vous
êtes entouré d'amis." – "Oui, je le sais, je suis parmi
d'honnêtes gens", & j'entrai dans le bac. Le vent était
très fort, & la traverse difficile. Plusieurs habitans se
trouvaient aussi dans le bac, & je les entendais chucho-
ter & prononçer mon nom. De l'autre côté je voulais
m'arrêter un instant, mais je craignais d'être reconnu,
& je continuai. Il fallut pourtant dire deux mots à un
jeune Brin, clerc-notaire, un ancien confrère de Collège, que je rencontrai dans la rue. Je lui dis de ne pas
me nommer, & je pris la route de St Hyacinthe. J'étais
à peine sorti du village, les chemins étaient si mauvais
qu'il était impossible d'éviter d'horribles ornières; &
la voiture étant tombée dans une, elle y serait restée
sans l'aide de quelques passans, qui l'en retirèrent au
moyen de perches de clôture pour leviers. Bientôt le
cheval n'en pouvant plus, il fallut faire halte à un petit
cabaret au milieu du bois pour lui donner à boire & à
manger. Etant à jeun depuis le matin, je voulus en faire
autant. Une vieille, qui se trouvait seule à la maison,
me donna ce qu'elle put trouver de mieux, & ce mieux
consistait en un morçeau de pain bien dur & bien noir,
un peu de beurre rance, & un verre de whisky détesta-
ble. Au bout d'½ heure je me remis en route: mais le
cheval était rendu, & après avoir été trainé au pas jus-
né au pas jusqu'au 4e rang de St Charles, je m'y arrêtai
pour changer de cheval. Après quelques pourparlers, &
avoir promis une bonne récompense, j'en trouvai un. –
Pendant qu'on l'attelait je demeurai dans la maison, où
travaillait une vieille. Cette vieille était très curieuse,
je n'en ai jamais vu d'aussi curieuse. Elle me question-
nait, tâchait de me faire parler politique, &ca. Elle disait à son vieux mari: "Tiens, je crois que monsieur ne
voyage pas pour rien – il y a bien des affaires de ce
temps-ci – monsieur ne parait pas de notre côté – tu

ne devrais peut-être pas lui procurer de cheval – qui sait, il y a tant de persécuteurs & d'espions, &ca., &ca." Je tâchais de la rassurer, en lui disant que je ne prenais aucune part aux affaires politiques, que j'étais indifférent, &ca. Puis un instant après elle disait, en me fixant attentivement: "Mais n'êtes vous pas de la famille Cherrier, à St Denis? vous leur ressemblez beaucoup." – "Moi!... non, je ne les connais pas. Excepté un pourtant, de Montréal, Avocat, que j'ai vu quelquefois". – A la fin tout fut près, & je me dérobai promptement aux questions importunes de la vielle. J'étais seul dans ma voiture, & frappais souvent d'un grand fouet qu'on m'avait prêté, le nouveau cheval qui ne valait guères mieux que le mien: celui-ci suivait la voiture, monté par un petit garçon. C'est avec ce cortège que je fis mon entrée à St Hyacinthe, vers 5 heures du soir. Je me rendis chez ma tante Dessaulles, & racontai les nouvelles du jour, qui firent grande sensation.

1837 - 18 Novembre.

– Aussitôt il fallut s'emprisonner soi-même, au lieu de l'être à Montréal "de par la Reine". Je fus logé dans une petite chambre de 10 pas sur 4, dans une allonge en brique, joignant la maison à l'ouest. Une porte donnait sur le jardin, ainsi que deux fenêtres, une troisième fenêtre donnait sur la rue, & une porte communiquait avec le corps de logis. Il y avait deux lits, une armoire, des tables, un poële, &ca, de façon que j'avais à peine la place de me remuer. Là, quelques membres de la famille seulement, & une ou deux servantes me voyaient.

– La nouvelle de mon arrivée s'était aussitôt répandue dans le village, & le lendemain dimanche, 19, on fit courir le bruit que pendant la nuit j'étais continué dans la direction des Etats Unis, ce qui fut cru. Dans la matinée un jeune Larochelle, Membre du Comité de Régie F.L., vint me voir en secret, ainsi que le soir mon cher Lactance. – Accablé d'ennui tout d'abord dans ma cellule, je ne pus résister à la tentation d'aller essayer *mon fusil neuf* derrière les dépendances de la maison. Je logeai quelques balles dans un gros pin, & revint satisfait me recacher.

1837 - 20 Novembre.

— Lundi le 20, un ouvrier vint dans ma chambre per-
çer une petite trappe dans le plancher sur laquelle on
jeta ensuite un tapis. Par cette trappe on descendait
dans la cave, en mettant les pieds sur une table qui se
trouvait audessous. Dans la cave il y avait une cachette,
qu'il aurait été difficile de trouver. C'était un grand
coffre, avec ventilateur au dehors; dont le dessus, &
l'entrée latérale étaient parfaitement déguisés par des
lits de sable & de légumes. J'avais dans ma chambre
une petite lanterne sourde, toute prête. En sorte que si
des baillis étaient venu visiter la maison, j'aurais été
bientôt rendu à ma cachette. Elle servit à mon oncle
Augustin Papineau, après la Bataille de St Charles; &
plus tard à Horace, le fils ainé du Dr. W. Nelson.
Celui-ci, Horace, une autre fois que l'on fouilla là maison, n'eut que le temps de se glisser entre les matelas
d'un lit que les soldats battirent, & piquèrent même,
de leurs sabres! Nous apprimes en même temps qu'à
St Charles il se formait un camp fortifié, & qu'il
y avait là plusieurs citoyens de Montréal, le Général
Brown, les Colonels Gauvin & Desrivières. &ca. Mais
ces nouvelles nous venaient grossies considérablement.
Ils avaient 8 ou 10 pièces de grosse artillerie, tandis
qu'en réalité ils n'en avaient que deux, très petites &
sans affûts! Et ainsi du reste. De Montréal, & des autres parties du Pays, nous n'avions aucune nouvelle:
toutes les communications étaient coupées, & les postes
arrêtées. — J'étais le plus souvent seul. Quelquefois
venaient mes cousins & ma tante, qui me disaient tout
le peu qu'ils pouvaient apprendre. Ma cousine Rosalie,
aussi bonne que sa mère, demeurait ordinairement avec
moi pendant que je prenais mes repas. Et alors j'avais
quelques momens de conversation. Pour me désennuyer
je demandai des livres, & mon cousin Louis m'en procura du Collège: *René & Attala*, & les *Natchez* de Cha-
teaubriand, & la traduction par cet auteur du *Rob Roy*
de Walter Scott. Je suis passioné pour ces ouvrages,
& ne puis les relire trop souvent.

LA PLACE D'ARMES ET L'EGLISE PAROISSIALE VERS 1830.
C'est sur la Place d'Armes que se déroula l'émeute électorale du
21 mai 1832, dont il est question dans les Mémoires du fils aîné
de Papineau. Les groupes, postées sur le perron de l'église
Notre-Dame, chargèrent la foule et tuèrent trois citoyens. Ce
fut de ce moment que le jeune collégien Amédée Papineau, à ce
qu'il raconte, devint patriote militant. La vieille église Notre-
Dame que l'on voit ici fut démolie quelques années plus tard.

LE CURE CREVIER de Saint-Hyacinthe, à l'époque de la Rébellion
de 1837, qui donna sa bénédiction aux Patriotes de sa paroisse qui
allaient combattre à Saint-Denis. Au lire de l'auteur des Mémoires, le curé Crevier modifia son attitude un peu plus tard.

LA TRAVERSEE DU RICHELIEU dans la nuit du 22 au 23 novembre 1837 par les troupes du colonel Wetherall, chargé de combattre les Patriotes réunis au village de Saint-Charles.

LE LIEUT.-COLONEL WETHERALL qui était à la tête des troupes anglaises à la bataille de Saint-Charles où les Patriotes furent repoussés après sept heures de combat. (D'après un croquis conservé aux Archives Fédérales)

ADAM THOM, l'un des principaux membres du "Doric Club" et rédacteur du journal "Montreal Herald". Il compta parmi les adversaires les plus violents et les plus acharnés du groupe canadien-français. Nommé plus tard recorder à "Prince Rupert Land", à l'emploi de la compagnie de la Baie d'Hudson.

Le "TATTERSALL", coin Saint-Jacques et Saint-Jean, pendant plusieurs années le marché à chevaux de Montréal. C'était le point de ralliement du "Doric Club" en 1837. L'endroit tirait sans doute son nom des établissements analogues à Londres, en Angleterre. (D'après un dessin de Ross obligeamment fourni par M. G.-H.-W. Birch).

La "MAISON BONSECOURS", rue Bonsecours, en bas de la rue Notre-Dame. Cette maison qu'habitait la famille du tribun patriote L.-J. Papineau, au moment de l'Insurrection, n'avait alors que deux étages, surmontés d'un toit incliné.

Le Dr WOLFRED NELSON. — Né à Montréal, en 1792. Elu en 1827 représentant du bourg William-Henry ou Sorel, contre le procureur-général Stuart. Un des principaux chefs de la Rébellion, il fut le vainqueur de Saint-Denis. Exilé aux Bermudes, il rentra au Canada en 1842 et mourut à Montréal en 1863.

1837 - 23 Novembre.

— Jeudi, le 23 Novembre, vers 11 heures du matin,
j'étais plongé profondément dans la lecture d'un de ces
ouvrages lorsqu'un son inusité vint frapper mon oreille. J'écoute... "Le tocsin!", dis-je, en sautant de ma
chaise; & courant dans l'appartement voisin oubliant
mon incognito, je criai: "Le tocsin! Le tocsin!... Je
suis bien sûr que ce n'est pas une incendie!" — L'on
sortit aussitot pour s'informer quelle en était la cause.
Il fallut attendre quelques minutes, qui me parurent
autant d'heures. Voici ce qu'à la fin j'appris: Comme
l'on craignait que des connétables ne vinsent se saisir
du Dr. Nelson, une garde de quelques hommes était
placée à St Denis. Vers 6 heures, le matin, un habitant
était arrivé au village tout essoufflé, annoncer l'approche d'une force considérable de troupes. Elles étaient
parties de Sorel le soir, & afin de ne pas passer par le
village de St Ours elles avaient fait un circuit dans les
terres. Cet habitant était allé soigner ses animaux de
grand matin, & avait apperçu les troupes qui défilaient
devant sa maison. Aussitot il part, & vient en ligne directe, à travers les champs, en donner avis au Dr.
Nelson. Celui-ci envoya de suite une douzaine d'hommes pour couper un pont à une lieue du village, sur un
ruisseau. Comme ce petit parti y arrivait, les troupes
y arrivaient de leur côté, en sorte que les Patriotes retournèrent promptement au village, sans pouvoir effec-
tuer leur objet. Dans l'intervalle le Dr. Nelson demanda à ses gens s'ils voulaient combattre, ou se retirer;
qu'il en était encore temps. Ils répondirent que jamais
ils ne l'abandonneraient, & qu'ils sauraient faire face à
l'ennemi, quoique de beaucoup inférieurs en nombre. Là
dessus le tocsin sonna, & des couriers furent envoyés
en toutes directions pour amener du renfort. Le courier
ajoutait, qu'ils devaient actuellement en être aux mains,
si toutefois la victoire n'était pas déjà décidée en faveur
d'un des partis. Cet appel inattendu, reçut une réponse
digne des Patriotes de St Hyacinthe. Tout était en mouvement. De ma fenêtre je voyais passer & repasser les
gens, qui couraient à l'église pour savoir ce que c'é-

tait, puis chez eux pour s'armer, & retourner aussitôt
sur la place publique, lieu du rendez vous. Tous se préparaient joyeux à marcher à la défense de la Patrie.
Mon oncle Augustin Papineau entra dans ma chambre,
avec un pistolet de poche à la main. Il demanda un peu
de poucre & quelques balles, & dit qu'il trouverait un
fusil à St Denis. Il partait & laissait derrière lui une
épouse & plusieurs enfans en bas âge! A peine une heure
était écoulée depuis l'arrivée du courier, qu'une 40e
des principaux citoyens du village, (les Concessions
n'étaient pas encore averties), partaient pour St Denis,
après avoir reçu une absolution générale, & bénédiction, & exhortation, du curé Mr. Crevier. J'avais grande
envie de les suivre, je ne me possédais plus. Je n'osais
en demander la permission directe, car je craignais un
refus. Mais je fis indirectement connaitre mon impatience & mon désir d'y aller. Le tout en vain. Il fallut
rester; & en forme de consolation on me dit qu'il partirait une autre bande le lendemain. L'on peut s'imaginer
quelle dût être notre anxiété & inquiétude pendant cette
journée. Je la passai tout transporté, à me promener
long large dans ma petite chambre, sans pouvoir fixer
mon esprit, lire, écrire, rien faire du tout. A mon diner
j'avalai quelques bouchées. Dans l'après-midi cependant
j'imaginai de faire des cartouches, aidé de mes cousins,
ce qui servit à m'occuper. Des ouvriers furent employés dans le bois à couper des manches de piques,
que l'on forgait dans différentes boutiques du village.
Pendant que les hommes se préparaient aux combats,
les femmes portaient leurs prières au pied des autels.
Elles invoquaient par une neuvaine l'aide du Dieu des
Armées. Un des premiers soins de ceux qui étaient
restés, fut d'établir entre St Denis et St Hyacinthe une
ligne de couriers, afin d'avoir des nouvelles aussi vîte
& souvent que possible. Vers le soir un des couriers
arriva, & apporta la nouvelle de la glorieuse victoire de
St Denis, résultat que l'on aurait à peine osé espérer.
Voici ce qui se passa en ce jour à ce *Bunker-Hill* du
Canada. "Le 22 novembre, le Colonel Gore était parti
en bateau à vapeur de Montréal pour Sorel, avec les

compagnies de flanc du 24e Régiment sous le Lieut.
Col. Hughes, la compagnie légère du 32e Capt. Mark-
ham, un obusier (de 12 livres) Lieut. Newman, & un
détachement de la Cavalerie Volontaire de Montréal
Cornette Sweeney. Le Col. Gore arriva à Sorel le soir,
à 6 heures, & se mit en marche à 10 heures, ses forces augmentées de 2 compagnies du 65e sous le Capt.
Crampton, formant en somme environ 400 hommes... Au
lieu de passer par St Ours, village intermédiaire, ils
prirent un chemin détourné, par les concessions...'' A
l'approche des troupes, les Patriotes élevèrent des
barricades pour fermer l'entrée du village. Le Dr. Nelson éparpilla quelques uns des meilleurs tireurs dans
les maisons avoisinantes, & se jetta avec le reste de
sa petite bande dans un vaste édifice en pierre à 3
étages, appartenant à Mde Veuve St Germain. Cet édifice était situé à l'extrémité Est du Village, entre le
chemin & la rivière, & tout près de cette dernière. –
Les Patriotes permirent aux troupes de s'approcher
bien près, & commencèrent alors une vive fusillade.
Les troupes royales en firent autant de leur côté, &
leur artillerie commença à jouer. Les murs de la maison étaient si épais près de terre que les boulets ne
pouvaient s'y faire jour, quoique lancés d'une petite
distance. Voyant leur peu d'effet, les canonniers les
dirigèrent alors au dernier étage & sur le toit, où ils
firent un grand dégas. Un boulet abatit un pan de muraille, & tua 3 hommes; cela fit impression sur de
simples paysans qui n'avaient jamais encore été au
feu; mais ils reprirent aussitot leur sang froid. Inférieurs en nombre & en discipline, armés avec des fusils de chasse la plupart en mauvais ordre, ils soutin-
rent l'attaque avec une fermeté, un sang froid, & une
constance admirables. Le Héros du jour, le brave Nelson, se trouvait partout, toujours en mouvement. Il
allait de fenêtre en fenêtre, d'un étage à l'autre, encourager les combattans. Les Canadiens avaient si peu
d'ammunition, qu'une partie fut obligée de fondre des
balles, pendant que les autres les lançaient à l'ennemi!
Un parti auxiliaire de Contrecoeur, Verchères, &ca.

traversa en bac de St Antoine, au plus fort du combat &
sous le feu de l'ennemi, en faisant retentir l'air de
leurs chants nationaux. Plusieurs fois le Capt. Mark-
ham, à la tête de ses meilleurs soldats, chercha à pé-
nétrer dans la maison de pierre, mais chaque fois il
fut repoussé avec grande perte, & reçut lui-même 4
blessures. Au commencement les Patriotes avaient de
60 à 70 fusils en état de servir, & n'en eurent jamais
200. Enfin vers 3½ heures P.M., après 7 heures entiè-
res de combat, le Col. Gore fit sonner la retraite, &
ses troupes se mirent à fuir vers Sorel dans le plus
grand désordre, abandonnant l'obusier, 2 caissons, &
une grande quantité d'armes & d'ammunition, & 5 ou 6
blessés qui furent faits prisonniers. Ils furent poursuivis jusqu'à St Ours par les Patriotes, qui leur tuèrent
encore quelques hommes. Les tyrans perdirent dans
cette journée, pas moins de 60, peut-être plus de 100
hommes, sans compter les blessés. Les rapports va-
rient beaucoup, & il est impossible de s'assurer du
nombre exact, vu que pendant le combat, aussitôt qu'un
soldat tombait il était dépouillé de son habit & de ses
armes, & jetté dans le Richelieu, afin de cacher leur
perte. Plusieurs de ces *noyés* furent repêchés le printemps dernier, & enterrés à St Denis. Huit furent trou-
vés entre St Denis et St Charles; ce qui prouve que la
même chose fut pratiquée à cette dernière place. Les
Canadiens n'eurent que peu de blessés, point de prisonniers, & exactement 10 hommes tués en comptant
CHARLES OVIDE PERRAULT, M.P.P. pour Vaudreuil.
Durant l'engagement il montra une activité, un courage,
& un dévouement au dessus de tout éloge. Vers 3 heures, ce Champion de la Liberté, cet ardent défenseur
des droits de son Pays, dont les talens, les vertus, &
le Patriotisme promettaient de si grands services &
une si belle carrière, tomba sous le plomb meurtrier!
Menacé d'arrestation, il était venu de Montréal chercher refuge chez son ami le Dr Nelson, qu'il servait en
qualité d'aide-de-camp, portant des ordres de la maison de pierre aux piquets avancés, lorsqu'une balle le
frappa audessus de la hanche & le perça d'outre en ou-

tre. Il languit dans de grandes souffrances jusqu'à 3
heures le lendemain matin, lorsqu'il s'envola libre au
séjour des justes. "Avant de mourir, il exprima sa
satisfaction d'avoir versé son sang pour la liberté de
son pays, auquel il souhaita avec enthousiasme la liberté Américaine, & l'émancipation du joug britannique."
Ce fut là son testament, & nous, ses jeunes concitoyens,
nous sommes ses exécuteurs. Son corps fut enterré
dans le cimetière de St Antoine. Si l'on considère que
les Patriotes ne s'attendaient nullement à une aussi
formidable attaque, joint aux autres circonstances déjà
énumérées, il faudra convenir que cette victoire fut une
glorieuse victoire, & que le nom de St Denis pourra
figurer dans nos Annales à côté de ceux de Carillon, de
Chateauguay, &c. (1)

Je dois parler ici d'une circonstance de cette journée,
dont nos ennemis se servirent dans le temps pour ani-
mer & aigrir les passions de leurs partisans: je veux
dire la mort du Lieutenant Weir, du 32e Régt. Les rapports les plus mensongers & les plus révoltans tapis-
sèrent les colonnes des journaux loyalistes. Ils parlaient de boucherie, de tête au bout d'une pique, &ca.,
&ca., les scélérats criaient: "Les Jacobins! Les Jacobins!!" Voici les faits: "A peu près dans le même
temps que le Dr. Nelson apprenait l'approche des troupes, quelques habitans entrèrent au village avec le
Lieut. Weir, dont ils venaient d'arrêter la voiture.
Weir, *qui n'était pas alors revêtu de son uniforme*, pré-
tendit qu'il visitait St Denis & St Charles pour acheter
du blé. Les habitans repliquèrent que ce n'était point la
saison où les marchands achetaient leurs blés, & qu'ils
le croyaient attaché au corps de troupes qui s'avançait
contre eux. Il le nia, & les habitans le conduisirent au
Dr. Nelson, à qui Weir répéta la même histoire. Mais
son language donnant des soupçons, l'on examina son

(1) Le Col. Gore dans sa dépêche officielle, dit avoir eu: 1 sergent
& 5 soldats, tués; 1 Capitaine &9 soldats, blessés; 6 absens (missing)!
Il estime le nombre des Patriotes à 1500, dont 100 tués!!! Ce que
c'est que la peur! Comme çà grossit les objets!... Il tue les gens
après, quand il ne peut les tuer pendant la bataille.

bagage, & l'on découvrit qui il était. A la fin il l'avoua lui-même, demanda sa liberté, & offrit pour sa rançon quelque somme que l'on demandât. Cet offre fut comme de raison rejettée, & le Dr. N. lui dit que quoiqu'il eût été pris agissant comme espion, il serait néanmoins traité comme prisonnier de guerre. Weir déjeuna alors avec le Dr. N., & fut ensuite placé sous la surveillance de quelques personnes dans une chambre voisine. Lorsque les troupes arrivèrent, & que le feu commença, les gardes de Weir semblent avoir craint pour la sureté du prisonier s'ils demeuraient; en conséquence, & à l'insu du Dr. N., ils résolurent de le conduire à St Charles. Ils lui lièrent les mains, mais si faiblement que la voiture n'était pas encore hors du village, lorsqu'entendant le feu, Weir brisa ses liens, écarta ses gardes, sauta de la voiture, & se mit à fuir dans la direction des troupes. Ses gardes lui crièrent d'arrêter, & voyant qu'il n'en faisait rien, tirèrent sur lui, & il tomba mort.'' Le Capt. Jalbert accusé de l'avoir tué, est encore aujourd'hui dans les fers, & au terme criminel de Septembre dernier on lui a refusé son procès, sous le prétexte que *l'on n'avait point de témoins à charge, & cependant un indictement contre lui avait été trouvé par le Grand Jury!!!* Il passera encore 6 mois dans les fers, & alors le gouvernement n'aura pas plus de témoins qu'à présent. Jalbert peut dans l'intervalle en perdre des siens. C'est encore de la justice Bretonne! Le succès de la journée encouragea les Patriotes, & à St Hyacinthe entr'autres des préparatifs se firent pour avancer la cause. Les uns fondaient des balles & fabricaient des cartouches, d'autres rassemblaient des hommes & des armes. Les femmes boulangeaient & cuisaient du pain; les hommes organisèrent une garde de nuit, armée d'une dizaine de fusils, les seuls restés dans l'endroit, & de bâtons. – Vers 10 heures du soir, ma tante Dessaulles entra dans ma chambre pour m'annoncer l'arrivée incog. du Dr. O'Callaghan & de papa. Ils étaient descendus chez mon oncle Augustin, où je me rendis par le jardin de ma tante pour ne point rencontrer la patrouille. Le Dr. était couché & dormait, papa

s'était jetté sur un sofa. Ils étaient accablés de fatigue.
– Ils se trouvaient chez le Dr. Nelson à l'arrivée des
troupes, & voulurent partager le sort de leurs concitoyens; mais le Dr. N. fit seller deux chevaux, & les
força de partir, armés chacun d'une paire de pistolets.
Ils avaient marché toute la journée, sans s'arrêter &
sans manger, leurs habits mouillés & glaçés sur eux.
Les chemins inondés & rompus ne leur avaient permis
d'aller que le pas. Ils s'égarèrent, & furent plusieurs
fois interrompus dans leur marche par des partis de
Patriotes armés, qui ne les connaissaient point. Mon
cher papa se leva, réveilla le Docteur, & ils nous suivi-
rent tous deux dans ma chambre chez ma tante Dessaulles, où ils prirent quelque nourriture. Ma tante voulut faire venir Lactance & Ezilda, mais papa était trop
affecté, & préféra se priver de cette consolation. On
envoya chercher un fidèle & brave citoyen, le Capt.
Poulin, Cultivateur, ancien membre de la Représentation qui emmena le Docteur & Papa chez lui, où ils de-
meurèrent cachés quelques jours, pour attendre le cours
des évènemens.

1837 - 24 Novembre.

  – Le lendemain, vendredi 24 Novembre, fut employé
à préparer & à envoyer à St Charles & St Denis, des vivres & des munitions de guerre, & à enfouir & mettre
en sûreté les papiers, & les meubles les plus précieux.
Nombre de femmes & d'enfants quittèrent le village pour
se réfugier au sud de la rivière. On voulait me faire
fuir, tandis que moi je voulais me rendre à St Charles:
je tombai dans le *juste-milieu,* & demeurai à St Hyacinthe.

1837 - 25 Novembre.

  – Samedi, le 25 novembre, eut lieu la désastreuse
bataille de St Charles. Mais reprenons les choses de
plus haut. Craignant l'influence auprès de Lord Gosford
du renégat *Debartzch,* dont les conseils perfides avaient
déjà tant fait de mal au pays, les Canadiens de St Charles l'avaient constitué prisonnier dans sa propre maison, autour de laquelle se tenaient continuellement des

sentinelles. Par l'entremise de quelques hommes in-
fluents de l'endroit, il fut cependant remis en liberté. Il
se rendit aussitôt à Québec, & "l'on voit son nom figurer dans les minutes du Conseil le 20 Novembre, recommandant & autorisant les opérations militaires alors
en progrès." Il parait que c'est après son départ,
qu'arrivèrent à St Charles plusieurs citoyens de
Montréal, entr'autres Brown, Gauvin, & Desrivières.
Dans l'attente des vengeances du gouvernement, ils crurent devoir se fortifier. La maison de Debartzch était
le quartier-général. Avec l'aide d'un grand nombre
d'habitans, Brown éleva alentour une ligne de retranchements, formée de troncs d'arbres & de terre, &
renfermant plusieurs granges pleines de foin. Cette dernière circonstance contribua grandement à la perte de
la bataille. Ce fut là à peu près tous les préparatifs de
défense à St Charles.

En même temps le gouvernement développait ses
plans liberticides. Le lendemain de la délivrance à
Longueil de Messieurs Davignon & Desmarais, 4 compagnies des "Royaux", 2 pièces de campagne, & une
20e de cavaliers, sous le Lieut. Colonel Wetherall,
accompagnés de 2 magistrats & du Député-Shérif "pour
autoriser leurs mouvements", étaient partis de Montréal pour Chambly. Ils trouvèrent sur leur route les
maisons abandonnées, & les femmes & enfans fuyant
de concession en concession. Ils furent harassés continuellement par des bandes d'habitans armés, & au
pont près de l'auberge de Booth firent 7 prisonniers,
qu'ils emmenèrent à Chambly. – Mercredi soir, le 22
Novembre, à l'heure fixée, le Lieut. Col. Wetherall
partit de Chambly avec 4 compagnies des "Royaux",
1 compagnie du 66e, 2 pièces de campagne, & un détachement de cavalerie volontaire, traversa le Richelieu, & reprit sa marche sur St Charles. Dans le temps
que le Col. Gore arrivait à St Denis, le Col. Wetherall
était à peine rendu à St Hilaire de Rouville, où il demeura jusqu'à samedi matin, le 25 Nov., qu'il s'avança contre St Charles. Lorsqu'il y arriva, le camp, par
une imprudence inconcevable, était presqu'abandonné.

Des piquets avancés avaient été envoyés en toutes
directions, & là où 12 hommes auraient suffi, il s'en
trouvait 50. Le Capt. P. Blanchard de St Hyacinthe, &
le Capt. Bonaventure Viger de Boucherville, à la tête
de leurs compagnies, étaient postés à quelques arpens
en avant du camp, le long de la rivière. Lorsque les
troupes parurent, ces 2 compagnies tirèrent sur elles,
& continuèrent un feu roulant tout en retraitant en bon
ordre vers le camp, où elles entrèrent et se placèrent
avec le reste derrière les retranchements. Comme je
l'ai déjà mentionné, les patriotes avaient 2 petites pièces de 3 ou 4 livres, qu'ils avaient chargé à mitraille.
Preuve de la mauvaise organisation des insurgés, un
traitre avait pu dans la nuit enclouer une de ces pièces
sans que personne s'en aperçût. Lorsque les troupes se
furent approchées de très près, on déchargea la seule
en état de servir. Son effet, joint à celui d'un feu roulant & très vif de meurtrières pratiquées dans les granges, fit reculer les troupes. Wetherall fit alors jeter
des bombes sur ces granges pleines de foin, & y mit le
feu. Une 60e de chevaux qui s'y trouvaient, & nombre
d'habitans sans armes, se mirent à courir & à fuir au
milieu des combattans. La confusion & la fuite devinrent générales, & les troupes entrèrent dans le camp
lorsque le dernier patriote en fut sorti. Les insurgés
n'étant pas poursuivis, se rallièrent au village, & retraitèrent sur St Denis. Le Dr. Bouthillier, M.P.P., de
St Hyacinthe, *avec une centaine d'hommes des mieux armés, avait été envoyé en piquet avancé (!!) pour garder
un chemin* de concession, parallèle à celui de la rivière,
entre St Hilaire & St Charles. Au premier coup de canon, il se hâta de retourner au camp. Comme il débor-
dait du bois, sur le côteau en arrière du village, il vit
des tourbillons de flammes & de fumée, & les troupes
entrer dans le camp. Wetherall de son côté l'apperçut,
& envoya contre lui 2 compagnies d'infanterie & une
pièce de campagne. Ils échangèrent quelques décharges,
& les Canadiens retraitèrent. Partie se retira sur St
Hyacinthe, semant partout la terreur & l'épouvante; le
reste se rendit à St Denis. Les Patriotes avaient si peu

d'ammunition, que mon oncle *Augustin Papineau* qui
était quartier-maitre, n'avait pu distribuer que *6 cartouches à chaque homme.* Parmi ceux qui se distinguèrent, on remarque un jeune *Turcotte,* Etudiant en mé-
decine, un enfant de 15 ans, nommé St Pierre, de St
Hyacinthe, & mon oncle *Augustin,* qui était des plus
exposés, se tenant sur la galerie de la maison de Debartzch qui fut criblée de balles & de boulets. Ils furent
des derniers à se retirer. Un jeune homme eut la mâ-
choire brisée; il prit son mouchoir, banda sa plaie, &
continua à se battre jusqu'à la fin. On a rapporté beaucoup d'autres trait de courage, qu'il serait trop long
d'énumérer ici. Je regrette de ne pouvoir en dire autant
du Général Brown (1), qui au premier feu s'enfuit au
village, en criant à nos braves habitans: "Courage! mes
amis! Je vais aller chercher du renfort." Le renfort ne
vint pas & le général se rendit en hâte à St Denis. – Le
combat commencé vers 11 heures du matin, dura 1½
heure. On évalue la perte des troupes à 40 ou 50 tués,
sans compter les blessés. Les Canadiens perdirent 32
hommes tués, en comptant les blessés incapables de
fuir, *qui furent tous massacrés sans pitié! Un seul
s'échappa, ayant été percé de plusieurs coups de bayonnettes, & laissé pour mort!!!* Après être demeuré caché
parmi les cadavres jusqu'au soir, il parvint à se trainer
inapperçu, à la faveur des ténèbres, jusqu'à une grange
voisine, où il s'arrêta pour reprendre des forces. Il se
rendit ensuite à une maison qu'il trouva abandonnée.
Là il chercha de la nourriture, & ne trouva qu'un mé-
chant morceau de pain. Se sentant très faible, il s'était
jeté sur un lit, lorsque le maitre du logis revint chez
lui, pansa ses blessures, & lui donna des secours qui le
rendirent à la vie. On peut garantir la vérité de ce fait.
 Wetherall avait 500 hommes sous ses ordres, & les
Patriotes environ 200 dans le camp. La mauvaise organisation, le peu d'ammunition & d'armes, la grande in-
fériorité du nombre, la mauvaise situation du camp, la
lâcheté du commandant, & les granges remplies de ma-

(1) On a calomnié Brown. J'explique sa conduite dans mes Mémoires.

tières combustibles, nous firent perdre la journée. Et
Malgré ces grands désavantages, les journaux tories
dirent: "Les Canadiens se battirent comme des tigres...
Plusieurs se jettèrent à la rivière, plutôt que d'être
fait prisonniers," et encore "Les pauvres misérables
égarés combattirent avec un courage & une intrépidité
dignes d'une meilleure cause."

"Le Col. Wetherall, & le Capt. David de la cavalerie
volontaire, eurent leurs chevaux tués sous eux." Un
Lieut. Carey de l'armée anglaise, a dit à St Hyacinthe
chez ma tante Dessaulles, devant mon frère Lactance
& plusieurs autres personnes: "Pendant le combat nous
délibérâmes deux ou trois fois, si nous ne devions pas
plutot nous retirer que de continuer l'attaque."

C'est ici le lieu de parler de certaines circonstances, qui nous forcent à des conjectures, & j'appelle
l'attention principalement aux dates. On a vu que le Col.
Wetherall arriva à St Hilaire jeudi matin le 23 Nov., &
y demeura jusqu'à samedi matin le 25. Dans l'intervalle il fit demander du renfort de Chambly. Dans la nuit
du jeudi au vendredi, le Major Warde et la compagnie
de grenadiers des "Royaux", arrivèrent en bateaux de
Chambly, augmentant les forces de Wetherall à 500
hommes. Le Colonel envoya aussi un Dr. Jones, de la
cavalerie volontaire, avec des dépêches à Montréal. A
St Hilaire il se logea avec ses officiers dans la maison
Seigneuriale de Mr. De Rouville, & les troupes dans
ses granges & autres bâtiments. Elles y firent assez de
dégas, pour que ce monsieur aît demandé à la "Commission d'Indemnité" plusieurs mille louis de dommages. Samedi matin, 25 Nov., ne recevant point de réponse de Sir John Colborne, & craignant de voir sa retraite coupée, Wetherall se décida à attaquer St Charles. Lundi le 27 Nov., il écrit de St Charles à Colborne: "...La marche s'accomplit sans obstacle, à
l'exception de quelques ponts rompus, jusqu'à ce que
nous fumes à 1 mile de ce village, où quelques coups
de fusil nous furent tirés de la rive gauche ou opposée
du Richelieu, & 1 soldat du Régiment Royal fut blessé.
Plusieurs coups de carabines furent aussi tirés d'une

grange devant nous. Je brûlai la grange. A 250 verges
des retranchemens des rebelles, je pris une position,
espérant que le développement de mes forces causerait
une défection parmi ces téméraires *(infatuated people)*.
Ils commencèrent néanmoins à tirer sur nous, & nous
y répondimes. Je pris ensuite une nouvelle position, à
100 verges de leurs retranchemens, & les voyant obsti-
nés, j'enlevai le poste à la pointe de la bayonnette *(I
stormed & carried them)*. Je mis le feu aux bâtimens
qu'il renfermait, à l'exception de la maison de l'honorable Mr. Debartzch, qui est néanmoins bien endomma-
gée. La perte des rebelles fut grande; nous ne fimes
alors que 16 prisonniers. J'ai compté 56 cadavres, &
beaucoup d'autres furent tués dans les bâtimens, &
leurs corps brûlés. J'occuperai ce village jusqu'à réception d'ordres de votre Excellence." Dans son rapport officiel, il dit avoir perdu 3 hommes tués, & 18
blessés. Si l'on se rappelle que c'est le même Col.
Wetherall, dont j'ai parlé un peu plus haut, ce rapport
ne surprendra personne. Au reste, ces *"dépêches officielles"* sont faites pour les yeux du public. Pourquoi
a-t-on supprimé celles du même officier à Colborne,
du 25 & 26 Novembre? Il fait allusion à ces dépêches
lorsqu'il dit le 27: "J'eux l'honneur hier (Dimanche 26)
de vous faire connaitre l'heureux résultat de mon attaque sur "St Charles". Dans ma lettre du 25 (samedi) je
vous fis part des raisons qui m'engagèrent à suspendre
ma marche sur St Charles, & *à faire venir une compagnie à mon soutien,* & j'ajoutais que j'attendrais à
St Hilaire pour des ordres subséquens..."

Il dit de plus dans cette lettre du 27 *(lundi)*: "J'occuperai ce village jusqu'à réception d'ordres de votre
Excellence." "Le lendemain, 28 *(mardi)*, on le trouve à
Chambly, ayant abandonné son intention d'occuper St
Charles. "Ayant reçu information *dimanche soir,* qu'un
corps considérable de rebelles était assemblé à la
Pointe Olivier", il résolut de les attaquer, plutôt que
de marcher contre St Denis." C'est la première fois
qu'il parle de St Denis. Il n'a pu entretenir l'idée de
marcher sur St Denis que jusqu'à *Dimanche au soir,*

car c'est alors qu'il décida d'attaquer les rebelles
de la Pointe Olivier. *Lundi* il dit qu'il occupera St
Charles jusqu'à nouvel ordre; & *mardi,* on le trouve à
Chambly, après avoir dispersé les habitans armés à la
Pointe Olivier.'' Inconsistence, contradiction, &ca.
...''Le Col. Wetherall envoya un exprès à Montréal,
demander du renfort à Sir John Colborne. Le porteur
de la réponse de Sir John (un cavalier) fut intercepté à
St Hilaire, & fait prisonnier par un corps d'insurgés...
La lettre fut ouverte, & Colborne disait à Wetherall,
qu'il ne pouvait lui donner aucun secours, & qu'il devait
retraiter de son mieux sur Montréal. Les Patriotes
après l'avoir lu, l'envoyèrent poliment au Col. Wetherall, qui en conséquence retourna aussitôt vers Chambly, harassé sur ses flancs par des escarmoucheurs.''
A la Pointe Olivier, une centaine de Patriotes sous les
ordres du Col. Mailhiot, F.L., qui avaient un petit canon *placé sur une charrette,* firent feu sur l'ennemi
lorsqu'il parut, & s'enfuirent. De Chambly les troupes
se rendirent à St Jean, au nombre de 600 hommes, y
compris les garnisons de Chambly & de St Jean, & se
transportèrent par les chars'' à Laprairie, & de là à
Montréal. ''La réponse interceptée par les insurgés est
sans doute celle que le Col. Wetherall attendit avec
tant d'impatience à St Hilaire. La transmission subsé-
quente de cette lettre au Colonel, explique aussi son
changement subit de résolution le 27 au soir, ou le 28
au matin. Le refus de Sir John s'explique pareillement,
& d'une manière consistente avec son caractère comme bon soldat. Le Col. Gore retourna à Montréal le 25.
Ayant été completement défait, il n'aura point déprécié
la valeur de son ennemi. Ceci jeta une grande conster-
nation dans Montréal, qui ne fut dissipé que par la nouvelle de la prise de St Charles, qui arriva en ville lundi
matin (27). Le samedi l'on s'attendait a une attaque du
nord, & toutes les rues de ce côté de la ville, à l'exception d'une ou deux, avaient été barricadées. Dans cet
état d'incertitude & d'alarme, la réponse de Sir John
Colborne n'a rien de surprenant. Nous n'avons point de
doute que nos conjectures ne fussent pleinement con-

firmées, si les dépêches surpprimées étaient publiées.
Une conclusion, & elle est singulière, est que si le Col.
Wetherall avait reçu la réponse de Sir John à St Hilaire, comme il l'espérait, l'attaque sur St Charles
n'eut jamais été faite." *ET LE PAYS SERAIT LIBRE!...*

"Wetherall & ses troupes arrivèrent à Montréal
avec 32 prisonniers, 25 de St Charles, & les 7 pris
antérieurement à Chambly, & pour trophée *"L'arbre de
la Liberté"* planté à l'Assemblée des 6 Comtés. Parmi
ces prisonniers, aucun de ceux que l'on cherchait à
arrêter. Le peuple fut dispersé, mais il ne s'était soulevé qu'à cause de la présence hostile des troupes."
Je dois ici exposer la conduite infâme "des troupes de
Sa Majesté" Miss. Vic., durant leur séjour à St Charles. Ils se conduisirent comme des brigands. Rien ne
fut respecté, pas même l'église. Ils y montèrent un
poële sans tuyau, sur lequel ils faisaient leur cuisine,
& qu'ils chauffaient avec les banccs. Ils s'y logèrent,
ainsi que leurs chevaux, & y firent boucherie. Ils en
enlevèrent des vases d'argent & autres ornemens.
Après leur départ on trouva un banc rempli de plumes
de volaille, & quantité d'ordures. Des détails ont été
plus tard publiés dans différens journaux, sur leur
conduite outrageante à l'égard du Révérend Mr. Blanchet, curé de St Charles, qui fut emprisonné pendant
plusieurs mois sous le prétexte à la mode, celui de
"HAUTE-TRAHISON". Dans le village, ils volèrent
beaucoup d'effets précieux, montres, argenterie, &c.,
qu'à leur arrivée à Montréal, ils vendirent publiquement & à vil prix. On eut dit qu'ils revenaient d'une
campagne en pays étranger & ennemi.

1837 - 25 Novembre.

– Retournons à St Hyacinthe. La nouvelle de la défaite à St Charles arriva le soir même par quelques uns
des combattans. La terreur fut grande & générale, & le
village presque déserté. Chez ma tante, à l'exception
d'elle-même, toutes les femmes pleuraient. Je cherchais en vain à les encourager, en leur disant: "Mais
pourquoi pleurer? Vous avez gagné une bataille, & en

avez perdu une. Qu'y a-t-il là de si extraordinaire?"
Je me flattais qu'une défaite ne suffirait pas pour nous
abattre. Malheureusement le peuple n'était point encore
préparé pour une révolution. − Ma tante se décida à
envoyer au couvent ma soeur Ezilda, qui vint me faire
ses adieux. La pauvre petite pleurait, je mêlai mes lar-
mes aux siennes. − On me parla sérieusement du
voyage aux Etats Unis, ce que je refusai obstinément.
J'entretenais encore l'espoir de me battre pour mon
pays.

1837 - 26 Novembre.

− Le lendemain matin, (Dimanche, 26) ma tante fit
venir un jeune cultivateur nommé *Bonin,* gendre de Mr.
Poulin dont j'ai déjà parlé, de la concession du sud de la
rivière appelée *"La Carrière".* Ma tante me dit que
comme l'on s'attendait à voir paraitre les troupes, il
me fallait quitter le village. Je voulus repliquer, mais il
fallut obéir. Déguisé en habitant, affublé de pantalons,
gilet & veste d'étoffe du pays, "souliers de boeuf", &
tuque bleue, le tout deux fois trop grand pour moi, je
sortis par le jardin, accompagné de Mr. Bonin, fis un
détour passant près de la prison, traversai le pont sans
être reconnu par le gardien, & à la première concession, m'arrêtai chez un fils de Mr. Blanchard M.P.P.
pour St Hyacinthe, où je trouvai cachés le Dr. Bouthillier & I. Frs. Têtu, notaire. Ils devaient partir la nuit
suivante pour les Etats. Je restai avec eux environ 1
heure, pendant que Mr. Bonin s'absenta pour quelques
affaires. Lorsqu'il revient, je fis mes adieux au Dr. B.
& Mr. Têtu & continuai à travers les champs, les sava-
nes & les bois, ma route vers "la carrière", qui est à
2 lieues de St Hyacinthe. Chemin faisant nous parlions
des affaires publiques, & je regrettais que la savane
d'où j'avais peine à m'arracher, ne fût auprès de St
Charles. − Fatigué, je fus obligé de m'asseoir & de
me reposer sur une pierre, à peu de distance de chez
Mr. Bonin. J'étais alors sur une chaine de collines élevées, & je voyais à l'horizon le village de St Hyacinthe.
Deux ou trois pouces de neige étaient tombés durant la

nuit, le temps était couvert & calme. – Je demeurai plusieurs jours chez Mr. Bonin, de qui je reçus cette hospitalité toute cordiale, caractéristique du Canadien. Toute sa maison consistait en lui & sa femme. J'avais oublié de prendre des livres avec moi, & j'eus lieu & temps de m'en repentir. La seule distraction que j'eus, fut une visite de Mr. Déligny, vicaire de St Hyacinthe, un jour qu'il vint dire la messe à "la carrière", & quelques lignes échangées avec ma cousine, Mde Morisson, nouvellement accouchée, & que malgré son état l'on avait transporté chez son fermier, voisin de Mr. Bonin, dans la crainte de l'arrivée prochaine des troupes à Maska. Accablé d'ennui, las de ne rien faire, inquiet, ne recevant aucune nouvelle, & résolu de tout braver plutôt que de rester ainsi séquestré du monde, j'écrivis un billet à ma tante, lui disant que je voulais retourner aussitôt au village. Jeudi, le 30 Nov., vers 2 heures du matin, elle m'envoya chercher en voiture par un serviteur de confiance.

Après l'évacuation de St Charles par le Col. Wetherall, les Patriotes s'emparèrent de nouveau de ce poste; mais ne le trouvant plus tenable, ils l'abandonnèrent, & concentrèrent leurs forces à St Denis, où ils firent quelques abattis, & cherchèrent à se fortifier de leur mieux. Le gouvernement en fut informé, & apprit en même temps que des bandes armées parcouraient les campagnes en toutes directions. Le succès de Wetherall à St Charles, le nombre des volontaires qui augmentait chaque jour, & l'état de défense dans lequel il avait mis la ville, encouragèrent Colborne, & l'engagèrent à envoyer une force considérable dans la rivière Chambly, pour achever d'écraser les Canadiens. En conséquence, jeudi le 30 Nov., le *Col. Gore* se rendit à Sorel avec 800 hommes, 4 compagnies du 32e, 2 compagnies du 66e, 2 comps. du 83e, 1 comp. du 24e, 1 détachement d'artillerie avec 3 pièces de campagne, des fusées à la congrève, & 1 détachement de cavalerie volontaire.

1837 - 1 Décembre.

    – Le lendemain matin, vendredi, Gore voulut monter le Richelieu dans le *John Bull,* mais il n'avait pas fait plus d'un mile lorsqu'il trouva la glace trop forte pour être brisée. Il débarqua ses troupes, & alla coucher avec elles à St Ours. Lorsque les Patriotes apprirent son arrivée à St Ours avec une force aussi considérable, ils se consultèrent sur ce qu'ils devaient faire. Voyant que le reste du pays demeurait soumis, & que le découragement s'emparait même des habitans des environs, ils résolurent de se débranler, & les chefs cherchèrent à pénétrer aux Etats à travers les forêts des townships, habités par une population en général ennemie.

1837 - 2 Décembre.

    – Samedi matin, Gore se rendit à St Denis, où il entra sans opposition. Nous ne savions rien de cela à St Hyacinthe. La première nouvelle que nous en eumes, fut, vers 6 heures du soir, une lueur rouge que de ma fenêtre j'apperçus à l'horizon. Le *vaillant* Gore, qui avait pris la fuite devant les hommes, s'amusait à présent, en leur absence, à brûler la maison d'une veuve, Mde St Germain, celle du Dr. Nelson, sa distillerie, & 22 autres bâtises! Les barbares pillèrent & saccagèrent le village, & enlevèrent jusqu'aux hardes des petites filles du Couvent! Heureusement que les vases sacrés, & autres biens de l'église, avaient été mis en sureté. Les morts même ne furent point respectés, & ils brisèrent le *Monument Marcoux!*

Ma tante Dessaulles me pressa encore de partir pour les Etats Unis, & voyant les Patriotes dispersés & vaincus, il fallut y consentir. Elle pria Mr. Prince, Directeur du Collège, de venir chez elle, ce qu'il fit aussitot. Elle se consulta avec lui pendant près d'une heure, & après l'adoption & la rejection de plusieurs plans, ils s'arrêtèrent à celui-ci. Je partirais aussitot avec son neveu, mon ami *Joël Prince,* pour St Grégoire, ou réside leur famille; & de là je me rendrais aux Etats par les townships de l'Est. Je me déguisai en écolier, & mis tout ce que je voulais emporter d'effets dans mon sac de voyage. Vers 10 heures Prince vint chez ma tante, & après avoir pris un bon repas, & avoir mis des vivres dans nos malles, nous montames en petite charrette, & nous nous dirigeames vers St Denis pendant 1 lieue. (2) La nuit était si obscure, & les chemins si mauvais, que nous n'allions que le pas. Nous ne pouvions voir ni fossés ni clôtures, pas même notre cheval. Nous nous guidions sur la lumière que refractait la boue liquide au milieu du chemin! De ma vie je n'ai vu une obscurité aussi complete.

1837 - 3 Décembre.
– Nous avions craint la rencontre de la cavalerie anglaise, jusqu'à ce que nous ayons laissé la route de St Denis pour nous diriger vers le District des Trois Rivières. Nous eumes souvent des bois à traverser, & partout des chemins affreux, & de longues côtes à descendre ou à monter. Nous venions de passer le petit village de St Jude, lorsque la pluie commença à tomber, une pluie froide & glacée, qui nous couvrait de frimas. Au point du jour, comme nous passions dans le village de St Aimé, l'angélus sonnait, & nous en conclumes qu'il était environ 6 heures. Dès que le jour naissant nous le permit, nous vimes avec chagrin la rivière Yamaska couverte de glaces flottantes. Le mauvais état des glaces sur les différentes rivières qu'ils avaient à traverser, fut un des plus grands obstacles que les réfugiés rencontrèrent dans leur fuite aux Etats.
Vers 8 ou 9 heures, nous arrivames à St Michel d'Yamaska, où il fallait traverser. La pluie avait cessé, & un gros vent du nord dissipait les nuages. Nous eumes peine à nous faire entendre des traversiers, qui se trouvaient de l'autre côté. Il fallut détacher le cheval de la voiture, & nous eumes beaucoup de peine à traverser contre le vent, & au milieu des glaçons. L'un des traver-

---

(2) "Ainsi l'homme éxilé du champ de ses aïeux,
Part avant que l'Aurore ait éclairé les cieux."
                              Lamartime, Mort de Socrate.

siers s'adonna à être un ancien serviteur du père de Prince: mon ami le reconnut, mais n'en fut pas reconnu. Vers 10 heures, transis de froid, & nous voyant hors de danger immédiat, nous nous arrêtames à une pauvre chaumière, pour sécher nos hardes & prendre quelque nourriture. C'était une famille canadienne, fort nombreuse. Ils nous reçurent de leur mieux: voulurent nous faire gouter de leur soupe, mais nous préférames entamer nos provisions. Comme c'était dimanche, 2 ou 3 familles se réunirent bientot dans la maison, pour dire le chapelet. Nous nous joignimes à eux. Pendant ces prières il vint un coup de vent terrible. Toute la maison craquait, & je pensais en voir enlever au moins la toîture Le vent s'étant enfin appaisé, nous remontames en voiture vers 2 heures. Vis à vis le village sauvage de St François, les traversiers refusèrent de nous passer, alléguant que les glaces ne leur permettraient pas d'aborder. Nous insistames, & ils consentirent en grommelant, et en protestant qu'ils ne voulaient point être responsables des accidens qui pourraient arriver. De l'autre côté, nous pumes juger par nous-mêmes que le danger avait été éxagéré, quoique le cheval calât un peu en débarquant sur la place. Là deux voyageurs dans une charrette à deux chevaux, attendaient le bac. Ils étaient de sang breton, & nous lorgnèrent avec un air de soupçon & de défiance. L'un d'eux nous demanda en mauvais français d'où nous venions. Je répondis: "du Grand-Maska." – "Quelles nouvelles par là?" – "Je n'en sais rien; on nous a dit que les troupes avaient incendié St Denis, mais je ne sais si c'est vrai." Cette réponse ne le contenta pas, & il allait continuer ses questions importunes, mais nous fouettames le cheval & les quittames. – St François est un petit village, les maisons de bois peintes en rouge, & l'église en pierre. – Lorsque nous passames à la *Baie du Fèvre,* il était nuit, le temps froid & serein. Vers 8 heures nous arrivames à la traverse, vis à vis le village de Nicolet. – Deux raisons nous faisaient désirer de nous rendre ce soir même à St Gregoire. Nous voulions y arriver de nuit, parce que Prince y était connu de tout le monde, & nous

ne voulions pas coucher à la traverse, pour la même
raison que Prince était connu du traversier. Mais celui-
ci refusa absolument de nous traverser ainsi de nuit,
assurant que la glace flottante n'était arrêtée que depuis
une heure, & qu'il ne pouvait trouver le chenail. Il fallut
alors se diviser nos rôles, & lorsqu'ils nous question-
nèrent, nous nous dimes cousins, étudiants au Collège de
St Hyacinthe, malades, & allant chez nos parens pour
rétablir notre santé. J'étais le plus malade, & me couchai aussitôt, sans souper. Lorsque je fus au lit, j'avalai un grand verre de *noyau*, une tranche de jambon, &
quelques biscuits, le tout tiré de notre havresac, & je
m'endormis ensuite profondément.

1837 - 4 Décembre. . Le lendemain, lundi, le soleil se
leva brillant, & nous traversames à 6 heures du matin; &
sans arrêter un instant à Nicolet nous primes la route de
St Gregoire. Nous passames près du nouveau Collège,
bâti en pierre, à 4 étages, en forme de H. Je crois que
c'est le plus grand collège de l'Amérique, & n'est pas
encore fini en dedans. – A St Gregoire, nous descendi-
mes chez Mr Prince, l'oncle de mon ami. En entrant,
Prince ota son shawle de cou. Sa tante en l'appercevant,
s'écria: "Ah! mon Dieu! C'est Joël!", & tomba évanouie.
Elle ne s'attendait nullement à cette visite, & crut qu'il
apportait quelque mauvaise nouvelle pour sa famille,
idée que confirmait la présence connue des troupes dans
le voisinage de St Hyacinthe. Lorsqu'elle reprit ses sens,
nous lui expliquames, ainsi qu'à Mr. Prince, tout ce dont
il s'agissait. Ils nous donnèrent à déjeuner, & Joël se
rendit ensuite chez son père, dont la maison est voisine
de celle de son frère. Mon ami revint bientot avec son
père. Il fut décidé que le mieux pour moi, serait de continuer ma route le plutot possible, & je m'y préparai. –
Je ne dois pas oublier de dire que mon ami a deux jolies
cousines, dont l'aınée peut avoir 15 ans, & la cadette 13.
– Le soir, je me couchai de très bonne heure.

1837 - 5 Décembre.   Vers minuit l'on me réveilla, je
mangeai quelque chose, & montai en voiture avec l'oncle
de Prince, qui me conduisit à la paroisse du St Esprit.

Il n'était pas encore 6 heures, lorsque nous nous arrêtames à une auberge, où je descendis, & d'où Mr. Prince
retourna à St Grégoire. Je frappai à la porte, & les gens
de la maison se levèrent. Comme j'en étais convenu, je
dis que j'arrivais du *Port St François,* que je me rendais
à *Kingsey,* & que comme je voulais y arriver dans la
journée, j'étais parti de nuit; & de plus, que le charretier
qui m'avait amené n'avait pas voulu entrer, mais était
retourné aussitot. L'aubergiste convint de me faire conduire par son fils pour, je crois, 4 ou 5 $, & je
les pressai d'atteler, impatient que j'étais d'échapper aux
questions importunes dont ils m'accablaient. J'ai remarqué que les Canadiens sont insupportables pour cela.
Tant que je fus parmi eux, je fus inquiété de la sorte. Une
fois rendu dans les townships, tout le contraire. Vous
passez, & ne semblez pas être apperçu. L'aubergiste du
St Esprit me questionna tant, qu'il parvint à savoir que
je venais de Québec, & que j'allais comme commis chez
Mr. Blanchard, marchand à Kingsey. Il scut dans quel
hotel je logeai aux Trois Rivières, ainsi qu'au Port St
François, à quelle heure j'étais parti de cette dernière
place, combien j'avais donné au charretier, &c. &c.
Rien de plus pénible dans les circonstances où je me
trouvais. – Nous eumes bien de la peine à trouver une
méchante charrette, à laquelle il fallut poser des roues,
& les graisser. Le soleil se levait lorsque nous nous
mimes en route. Nous n'avions pas fait une lieue, lorsque mon guide, garçon d'une 15e d'années, s'aperçut
qu'il avait perdu sa poche d'avoine. Il fallut rétrogra-
der plus d'une demi lieue pour retrouver la maudite
poche.

La paroisse du St Esprit est la dernière dans cette
direction, & nous entrames bientot dans les bois, & sur
le grand chemin nouvellement construit par la *"Compagnie des Terres",* depuis le Port St François jusqu'au
centre des townships. Je suivis ce chemin jusqu'à Kingsey, & n'y vis presque point de maisons, seulement une
cabane çà & là. Plusieurs fois il fallut sortir de la voiture, & la soulever pour la faire passer par dessus de
gros arbres, jetés par le vent en travers du chemin. Nous

fimes jusqu'à 2 ou 3 lieues dans le bois sans rencontrer un être vivant, ni ombre d'habitation. Vers 9 heures nous arrivames au *"pont de Scott"*, sur la rivière St François. Malheureusement ce pont n'était qu'en construction, & il fallait traverser à côté. Il avait gelé fortement durant la nuit, & la glace était fixe. Après l'avoir éxaminé, mon conducteur me dit qu'elle pouvait nous supporter; ce rapport m'ôta un grand poids de sur le coeur. Il y avait là une maison, & j'avais si froid que j'aurais voulu y entrer pour me chauffer. Mais mon garçon m'avait dit qu'un M.P.P. loyaliste, dont j'ai oublié le nom, devait s'y trouver, ce qui me fit préférer le froid. Il fallut dételer le cheval, & mettre des madriers sur les bordages, pour l'y faire passer, ce à quoi nous ne pumes le persuader qu'à grands coups de fouet. Après l'avoir attaché à un arbre de l'autre côté, nous retournames chercher la voiture, que mon conducteur tirait & que je poussais par derrière. A chaque pas la glace pliait & craquait sous nos pieds! Nous atteignimes enfin l'autre rive. Le danger était passé, mais non les difficultés. Je brûlais d'impatience de m'éloigner de ce Représentant tory, & cependant après avoir rattelé le cheval, il fallut cotoyer la rivière 2 ou 3 arpens, au milieu des broussailles, & par dessus des arbres renversés, puis grimper une côte très raide & très longue. Lorsque je parvins au haut, loin d'avoir froid, la sueur me dégouttait du front. Nous remontames en voiture, & continuames notre route. Cette traverse périlleuse nous fit perdre une heure de temps. Vers midi nous nous arrêtames à une maison isolée, près d'un pont sur une branche de la rivière St François, & où le courant était si rapide qu'il n'y avait pas de glace. J'y fus encore assailli de questions impertinentes. Je donnai ½ heure à mon guide pour faire manger son cheval, il prit plus d'une heure. Je dinai avec mes provisions. Dans l'après midi je rencontrai à plusieurs reprises, des Canadiens revenant des *chantiers*. Nous marchions toujours dans le bois, point d'habitations. Le terrain depuis les établissements Canadiens jusqu'à Kingsey, est une vaste plaine de sable, couverte d'une foret impénétrable de pin. J'arrivai à Kingsey vers

7 heures du soir. J'entre dans le magasin de mon cousin Mr. Blanchard, & l'apperçois au milieu de plusieurs personnes: je m'avance vers lui, & affectant de ne point le connaitre, je lui dis en anglais: "Mr. Blanchard est-il ici?" – "Oui, monsieur." – "Je désire lui parler un instant." Il me fit signe de le suivre dans un appartement voisin, & je lui expliquai en peu de mots ce qui en était. D'après son avis, je changeai un peu de caractère. Il m'emmena à la maison voisine de son magasin, chez un nommé Turcotte, où il logeait. Il me présenta sous le nom de *Joseph Parent*. Je sortais du collège de Québec, & mon père, ami de Mr. B. m'envoyait chez lui pour apprendre l'anglais, avec direction de m'envoyer même jusqu'aux Etats s'il le jugeait à propos. – Il y avait deux ou 3 jours que Mr. Blanchard avait été arrêté, à cause du *crime énorme* d'être "Patriote", & ensuite remis en liberté. Craignant une nouvelle arrestation dont on le menaçait, il m'emmena avec lui coucher chez un loyaliste modéré, qui lui *conseilla fortement* de m'envoyer aux Etats! Il ignorait sans doute que j'étais "Fils de la Liberté". – En nous rendant chez lui, nous rencontrames le commis de Mr. Blanchard, un jeune volontaire tory qui revenait de l'éxercice. Il prit Mr. B. à part, & lui dit qu'il croyait m'avoir vu à Montréal. Mais Mr. B. parvint avec peine à lui faire croire qu'il se trompait. –

1837 - 6 Décembre. Le lendemain matin nous retournames chez Turcotte. Cet individu, qui était bureaucrate, & connaissait bien la ville de Québec, paraissait douter de l'authenticité de Joseph Parent, & cherchait continuellement à me questionner & à parler de cette ville. Moi qui n'y fus jamais qu'une fois, pendant trois ou quatre jours, j'étais fort en peine, & tâchais de détourner la conversation: souvent je ne pouvais y réussir, & alors je prenais la fuite, & me refugiais au magasin. Impatient de m'arrêter si longtemps, je pressai mon cousin de me trouver un charretier, ce qu'il fit, & je résolus de partir le lendemain matin. Je jetai des balles & de la poudre que j'avais avec moi, dans la cave, par une fente du plancher, & démarquai mon linge. – Le soir nous allames encore coucher chez le même loyaliste, qui approuva fort notre détermination. Comme je me mettais au lit, un parti de Canadiens entrait des Etats Unis en Canada, près de Missisquoi Bay. Après une vive escarmouche durant la nuit, contre des forces bien supérieures, ils repassèrent les lignes. J'en parlerai plus tard.

1837 - 7 Décembre. Le lendemain matin, jeudi, je partis de bonne heure, assis sur une botte de foin, au fond d'une charrette, avec un conducteur canadien. A quelques miles de Kingsey le terrain commence à être moins uni. Vers midi, nous arrivames à *Sheldon*. Mon charretier avait eu la précaution de ne point faire ferrer son cheval, en sorte qu'ici il lui manquait 3 fers, & il fallut lu en faire poser 4. Je craignais sans cesse d'être rencontré ou poursuivi par des ennemis, & ces délais sans nombre me jetaient dans la plus grande impatience; d'un autre côté, j'étais obligé de dissimuler, afin de ne point réveiller les soupçons de mon conducteur. – Après que le cheval eut été ferré, nous traversames en bac à *Melbourne*, & continuames à suivre la rive gauche de la rivière St François. Vers le soir nous nous arrêtames pour coucher à ce que mon conducteur nommait "la grande auberge", à quelques milles en deçà de *Sherbrooke*. Je n'avais pas mangé de la journée; je montai à ma chambre, pris quelques biscuits de mon sac, un verre de liqueur, & me couchai aussitôt.

1837 - 8 Décembre. Le lendemain, vendredi, nous nous remimes en route au point du jour. C'était la fête de la *Conception.* – Plus nous avancions, & plus le pays devenait montagneux. J'admirais souvent les scènes les plus pittoresques. Tantôt nous étions au fond d'une vallée profonde, entourée de montagnes élevées. Tantôt le chemin étroit suffisait à peine au passage d'une voiture: à droite, des rocs suspendus au dessus de nos têtes, à gauche, à 200 pieds au dessous de nous, la rivière St François coulait lentement, couverte de glaces. *On ne pouvait trouver une contrée plus favorable aux opérations d'insurgés.* Au village de Sherbrooke, *quartier-général de la "Compagnie des Terres",* nous avions un pont à traverser, où, nous avait-on dit, se tenait continuellement une garde. Heureusement que ce n'était pas le cas durant le jour, & nous passames le plus vite possible, & sans nous arrêter. J'avais surtout à craindre la rencontre de Robert Armour, cidevant éditeur du *"Herald"* de Montréal, qui me connaissait. – Comme la veille, je ne voulus point m'arrêter pour diner, me contentant de quelques biscuits. Le temps se couvrait de plus en plus, & il commença bientot à neiger. A *Lennoxville,* il fallut s'arrêter pour changer de voiture, la charette ne roulait plus. L'aubergiste chez qui nous arrêtames, nous prêta une traine canadienne, dont il ne se servait pas. Le soir, nous couchames à une auberge en deçà de *Stanstead.* Je ne demandai point de souper, mais j'eus encore recours aux provisions de mon havresac. Je me hâtai de trouver refuge dans ma chambre contre la présence dans l'auberge d'une compagnie de volontaires loyalistes, qui après l'éxercice s'amusaient à boire, & cherchaient du courage au fond de leurs bouteilles.

1837 - 9 Décembre. Je dormis si inquiet, que je me levai à 3 heures du matin, réveillai mon guide, l'envoyai atteler, & partis le plutot possible. – Presque certain de trouver des gardes à Stanstead, le dernier village sur la frontière, je mis ma canne-épée au fond de la traine, couverte d'un peu de paille, mes pistolets au milieu de notre poche d'avoine, & entre ma botte & ma bottine de drap, des notes sur mon voyage, une carte de la route que je prétendais suivre, & une lettre de change. – En arrivant à Stanstead, vers 9 heures, je descendis à une auberge à l'entrée du village, où je me chauffai environ 5 minutes. Je m'informai où demeurait *Mr. Child,* marchand, patriote, & M.P.P. pour Stanstead pour qui j'avais une lettre de recommendation de Mr. Blanchard. Je me rendis chez lui, & lui présentai la lettre, qui disait que Joseph Parent se rendait aux Etats pour apprendre l'anglais. Mr. Child me donna tous les renseignemens dont j'avais besoin, & après quelques minutes de conversation je le quittai. En sortant je vis notre traine entourée d'une dizaine d'indivi-

dus, auxquels j'affectai de ne point faire attention; mais
je me voyais pris. Comme je disais à mon conducteur
de partir, l'un deux s'avança, & me dit en anglais:
"Où allez-vous?" – "A Derby". – "Ah! bien! vous ne
pouvez y aller de suite." – "Non! Eh pourquoi?" dis-
je avec un air de surprise. – "Vous savez", dit-il,
"qu'il y a du trouble dans le pays, & les magistrats de
l'endroit ont décidé de ne laisser passer la frontière à
personne, sans auparavant l'éxaminer. Vous n'avez pas
d'objection à cet éxamen, je suppose?" – "Oh! non!
certainement." – Et il me dit de le suivre, qu'il ne me
retiendrait pas longtemps. – Mr. Child, qui de sa fenêtre avait vu ces procédés, sortit, & leur dit: "Pourquoi tourmenter ce jeune homme, qui s'en va à l'école
dans le Vermont? Voyez cette lettre qu'il m'a appor-
té", & il leur remit la lettre de Blanchard. Les autres
n'en persistèrent pas moins à me conduire devant les
magistrats, & me firent entrer dans un hotel voisin: Mr.
Child m'y suivit. – Ils me placèrent dans une chambre,
& mon guide dans une autre, & nous interrogèrent sé-
parément. Heureusement que mon compagnon n'en savait pas plus long qu'eux sur mon histoire, & je pus
mentir tout à mon aise & sans danger. Le même qui
m'avait arrêté, & qui paraissait le plus ardent inquisi-
teur, tenait aussi la plume, & enrégistrait mes réponses. Sur l'observation que lui fis quelqu'un, qu'il était
ridicule d'arrêter ainsi un jeune homme comme moi, il
répondit: "Tenez, voyez vous cette Proclamation of-
frant L1000 pour la tête de Papineau? Il faut éxaminer
tout le monde." Ces paroles furent comme un coup de
foudre pour moi, je ne m'y attendais nullement. Je
m'efforçai néanmoins de garder mon sang froid, & j'y
réussis assez bien. – Ils me firent un grand nombre
de questions, & beaucoup de très minutieuses. J'y répondis sans hésiter, avec aisance & sang froid. Cette
assurance chez moi commença à faire dérider leurs
fronts & leurs sourcils. – Après avoir rempli plus
d'une page de mensonges, ils se retirèrent dans un appartement voisin pour se consulter. Un vieillard demeura avec moi, me fit ouvrir mon sac de voyage, &

commença un éxamen très minutieux de tous mes effets. Je m'apperçus qu'il en voulait surtout aux dépêches, dans le cas où j'en aurais eu, car il tâtait toutes les doublures & les poches de mes habits, & dépliait tout le linge, sans regarder aux marques, dont plusieurs restaient, que je n'avais pas eu le temps d'effacer à Kingsey. Il alla ensuite faire rapport à ses confrères. Au bout d'½ heure ils revinrent me dire que j'étais libre de continuer mon voyage, & me remirent la pièce suivante, dont je conserve l'original en anglais précieusement:

"Les présentes certifient que Joseph Parent, récemment de Québec, a été éxaminé devant les Magistrats soussignés, à une session spéciale tenue à la Plaine de Stanstead (Stanstead plain) ce 9e jour de Décembre 1837. Et on lui permit de passer, le supposant à la poursuite de ses affaires privées, & dans les bornes de la loi."

(Signé)   "I. Smith. J.P."

"W. Pierce, J.P."

"Jas. C. Peasley. J.P."

Sans paraitre très empressé, & avec une indifférence affectée, je me remis dans la traine, & sortis lentement du village, avec mon conducteur encore tout tremblant. Les premières paroles qui sortirent de sa bouche furent celles-ci: "Si j'avais su çà je n's'rais jamais v'nu, pour le sûr... Diable! à quoi sert de tourmenter ainsi les gens, avec leur s... questionnage?" Il allait continuer sur le même ton, lorsque je me découvris, & saluai pour la première fois la Terre de la Liberté! Nous traversames un pont, à l'extrémité duquel un *may* élevé annonce l'entrée dans la Grande République. Le village de *Derby,* dans le Vermont, est sur la ligne, tandis que Stanstead en est à 1 mille.

A l'auberge où je descendis, je demandai s'il y avait un stage pour Burlington, & à mon grand désappointement l'on me dit qu'il y en avait un, mais qu'il ne partirait que le surlendemain, lundi. En sorte que je fus obligé de rester là deux jours, à un arpent de la frontière, & de nos ennemis. Sous la protection de l'aigle

Américain, j'étais en sureté. J'écrivis aussitot à Mr. Blanchard une lettre signée "Joseph Parent", pour lui faire connaitre l'heureux résultat de mon voyage. Je disais: "...A Stanstead, les magistrats m'éxaminèrent, & voyant que je ne voyageais que pour mon éducation, ils me permirent de passer &ca." Je la remis à mon conducteur, avec direction de la montrer aux magistrats, s'ils la lui demandaient. Je pensais qu'ils ne manqueraient pas de le questionner à son retour, & je désirais les tenir dans l'erreur, puisqu'il fallait demeurer pendant 48 heures leur voisin. J'avais plus de crainte que je n'en aurais dû avoir, parce que j'ignorais alors les dispositions des habitans de Derby, & de mon hôtelier. Quoique je vienne de dire poétiquement que, "sous la protection de l'aigle Américain j'étais en sureté", il eut été facile de m'enlever, & de me ramener en Canada, si les citoyens de Derby n'eussent été dignes de leurs Pères amis des Canadiens, & ennemis des tyrans. – Je payai mon conducteur, & il repartit aussitot. – N'ayant presque point mangé depuis 2 jours, le son de la cloche qui m'appella au diner, me fit grand plaisir. A table, je fus introduit à un jeune *Blanchard*, Américain, qui depuis la destruction par les loyaux du journal réformiste des townships, s'occupait d'établir à Derby le *"Canadian Patriot"*. Le premier numéro sortit peu de jours après. Ce papier fut publié durant une partie de l'hiver, mais son éditeur voyant qu'il ne pouvait l'introduire dans le pays, à cause de la proscription lancé contre toute presse amie des Droits de l'Homme, en discontinua la publication. C'est ce même Blanchard, je crois, qui publie actuellement le nouveau journal patriote, intitulé *"Montreal Express'*. Dans l'après midi, un jeune avocat nommé *Johnson,* vint me voir, m'exprima beaucoup de sympathie, & m'offrit des livres pour m'amuser. On m'apporta aussi plusieurs journaux américains contenant des nouvelles du Canada.

1837 - 10 Décembre. Le lendemain fut le premier dimanche, & le plus ennuyant, quoiqu'ils le soient tous, que j'aie passé aux Etats. Mon hôtelier, zélé presbytérien, ne nous donna que deux repas dans la journée, le

diner à 4 heures. Le matin je dis les prières de la
messe, & le reste du jour fut employé à lire un ouvrage
sur les moeurs, coutumes, institutions, &c., des Américains.

1837 - 11 Décembre. Lundi matin, le stage, c. à d. une
longue sleigh américaine attelée de 4 chevaux, vint me
prendre à la porte de l'auberge: j'étais le seul passager.
Je voyageais encore dans un pays montagneux, mais
néanmoins bien différent des townships du Canada. Dans
ceux-ci le terrain est plus brisé, les montagnes plus
élevées, & plus isolées & les vallées plus profondes.
– Les villages dans les Etats sont plus rapprochés
qu'en Canada. On les rencontre tous les 3 ou 4 miles:
& l'on n'y voit pas la grande église en pierre au clocher
élancé, dont la flèche légère & étincelante est le guide
& la joie du voyageur fatigué qui l'apperçoit dans le
lointain; mais 2 ou 3 petites chapelles très élégantes, de
bois peintes en blanc, ou de brique, avec des jalousies
vertes. Les villages ont aussi un aspect bien différent
de celui des nôtres. Leurs rues sont droites, larges,
propres, & bordées d'arbres; les maisons grandes &
bien bâties, avec des frontons, portiques, ou colonna-
des. Ils ont plus de notions d'architecture que nous n'en
avons. – J'étais parti seul de Derby mais ensuite nous
primes & laissames des passagers à divers endroits
sur notre route. Nous dinames à Coventry, & couchames
à Craftsbury.

1837 - 12 Décembre. Le lendemain, mardi, il fallut
partir à 4 heures du matin. Le temps froid & sec, & le
ciel étoilé. La voiture était meilleure que celle de la
veille. Nous dinames à Cambridge. A Jéricho, j'appris
que le Général Brown était à Burlington. J'arrivai à ce
dernier village à 4 heures de l'après midi. Mon premier soin fut de m'informer s'il y avait des réfugiés
dans l'endroit, & je me rendis à une auberge tenue par
un nommé Bishop, chez qui logeaient, me dit-on, plusieurs Canadiens. Ils étaient sortis, & il fallut les attendre quelque temps. Le premier qui arriva, fut le
Major François Papineau de St Cézaire, cousin germain

de mon grand-père, & dont j'avais souvent entendu parler, mais sans le connaitre. Il y avait des étrangers dans l'appartement; je me présentai sous le nom de Joseph Parent, & le pris à part, dans un cabinet voisin. Ma tante Dessaulles m'avait recommandé de garder l'incognito dans les Etats, pendant quelque temps, ou jusqu'à ce que j'eusse eu des nouvelles de papa. C'était absolument inutile, mais ni elle ni moi ne pouvions alors en juger. Dans le premier moment, sans réfléchir, je voulus suivre à la lettre la recommandation de ma tante, & j'en fis part à Mr. Papineau, qui n'y fit aucune objection. Un instant après entrèrent les messieurs suivans, dont je connaissais plusieurs: Dr. T. Bouthillier, Eusèbe Cartier, I. François Têtu, Capt. Patrice Blanchard, de St Hyacinthe; Flavien Bouthillier, de St Cézaire; – Darche, de la Pointe Olivier; Édouard E. Rodier, de Montréal; & – –, aubergiste, de Longueil. – Des compatriotes dans un malheur commun, sont frères. Nous fimes monter un poêle & 4 grands lits dans une même chambre, où nous nous logeames tous. Nous passions nos journées à ne rien faire, quelquefois gais, le plus souvent tristes. Nous étions toujours à guetter avec impatience l'arrivée des stages & de la malle pour avoir des nouvelles. – Quelques jours après mon arrivée, voyant avec mes compatriotes l'inutilité de garder l'incognito, je le quittai; ce qui alors était fort désagréable, n'ayant point de raisons à alléguer pour l'avoir conservé dans le principe.

En éxaminant mes notes, que j'écrivis alors sur des feuilles volantes, je vois que j'ai trop confié à ma mémoire. En sorte qu'aujourd'hui que je veux mettre ce journal au net, je rencontre beaucoup de difficultés, surtout quant à la partie de mon séjour à Burlington.

Ce premier volume est rempli, je vais continuer dans le second, que malheureusement je n'ai pu me procurer du même format. J'ai donné un relation courte & succinte, mais surtout véridique, des faits, & des mouvements insurrectionnels dans la partie-sud du District de Montréal. Dans le second volume, je parlerai des opérations dans le nord du même District, & des évenemens subséquens à l'insurrection.

*Achevé d'imprimer
par les travailleurs de l'imprimerie
Les Editions Marquis Ltée de Montmagny,
le quatorze novembre mil neuf cent soixante-douze,
pour ''La Maison Réédition-Québec Inc.''*